私の女性史

切り拓く

ブラックリストに
載せられても

橋本宏子

ドメス出版

近影。2016年1月

婦人民主クラブにて。2005年

スウェーデン研究旅行。右から朴木佳緒留さん、桜井絹江さん、橋本。1992年

定年退職記念講演会。2000年

『東京都の婦人学級30年Ⅱ』刊行の集い。
2000年6月

はじめに

戦前に似てきた今

今の国会の様子をみていると、知識人や専門家が憲法違反だという事案を多数決で押し切って決めています。小選挙区制の選挙で選ばれた議員の後ろには多数の死票があり、国民の絶対多数の支持を受けているわけではないのに、どんどん日本が戦争に巻き込まれるような法律〝戦争法〟を制定してしまう暴挙に、怒りと不安を感じる人々が多くいます。

自分史をまとめながら昭和初期の子どもの頃を思い出して、なぜみんなが戦争賛成になってしまったのか考えました。私の家の右隣はたまご屋さん（当時たまごは貴重品で贈答にも使われ、その専門店もありました）でしたが、そこの娘婿がインテリで赤になり、警察に入れられた、と親たちが小さい声で話し、「どういうことなの」と聞くと、しーっと声をひそめて「誰にも言ってはいけないよ、子どもにはわからないことだから」と言われ、怖いことなんだと思っていました。

思えば私の生まれた前後の一九二八（昭和三）～三〇年頃には共産党員とその同調者・

協力者と思われる人たちがたくさん警察に連行され、ひどい拷問を受け、小林多喜二のように虐殺され、あるいは衰弱、病気になり亡くなった人もいます。また、自由主義者、キリスト教など宗教関係者までも体制に疑いをもつ多くの人たちが人権を蹂躙《じゅうりん》されています。言論統制も検閲制度があって、政府が危険思想とみなす出版物は発行停止、または肝心な箇所を××と伏せ字にして発行、マスコミも完全に自由を失っていました。

そのように政府に反対しそうな人たちは全部「ものが言えない」社会づくりをした後、戦争が始まりました。戦争を疑ったり、協力しない人は「非国民」と蔑《さげす》まれ、密告もされるので、その恐ろしさを避けるために戸主は警防団、主婦は国防婦人会に入り、隣組が組織され、ほぼ全国民が戦争体制に組み込まれました。

私はそういう体制のもとで育ちましたから、軍歌を歌って出征兵士を見送り、南京陥落の提灯行列にお祭り気分で参加していました。

今度の選挙の争点は、戦争法体制と改憲の是非です。戦争法推進勢力の勝利を許せば、もの言えぬ戦前社会の再現になることは間違いありません。新聞の声欄などでは毎日のようにその危機が訴えられています。昭和史を生きた私もひとこと書き残さねば、と思うようになりました。

昭和初期からの女の暮らし

二〇一五（平成二七）年は戦後七〇年で、周囲をみまわすと大正はもちろん、昭和初期生まれの人も少なくなっています。昭和初期に生まれ育った私には、戦後に生まれた人たちには戦前の暮らし、とくに女性の地位の低さなど理解しがたいのではないかと思わされることが少なくありません。テレビ・ドラマをみても、時代状況や風俗のとらえ方に違和感を覚えさせられることもときどきあります。

そうした体験を重ねるにつれ、よく江戸時代のドラマに出てくる東京の下町八丁堀で昭和はじめに生まれ、育った私の思い出を伝えておきたいとも思うようになりました。

男女共学が実施されて七〇年もたった今の女性たちには、裁縫が週七時限・家事三時限で、英語・数学・国語・理科などは男子よりも二〜三割少ない女学校教育しか受けられなかった（したがって発達を阻害されていた）戦前の女子教育など理解しがたいことでしょう。

そこで全国民が戦争肯定に洗脳されて協力した戦時、焦土のなかの敗戦、食物がなくて配給された家畜の餌を主食にするほど飢えていた戦後の数年、占領下の日本、自分たちで声をあげなければ生きていけない時代でのたたかい、戦後民主主義を宝物のように思えた若者たちの生き方、それらを体験者として語っておきたいという思いにかられ、自分史をまとめることにしました。

試用期間で解雇されて

戦後の若者として歩み始めた私の人生において〝戦前・戦中と同じ〟ではないか、と思わされた体験があります。私は新制大学一期生として希望をもって社会にでたその年に、広島の繊維工場の寄宿舎舎監を着任二〇日後に、〝試用期間〟だからという名目で解雇され、その後はどこに勤めても二〇日で前歴がわかり、履歴詐称という屈辱的な理由で解雇されました。同時に公安警察が自宅・近辺に出没しました。要するに私は公安警察のブラックリストに載せられ、それが転職先の企業に通報されていたのです。企業と警察は一体になって、よく確かめもせず排除する事実に恐ろしい思いをさせられました。

証拠がないので、人権擁護の機関に訴えることもできず、周囲からはうさんくさい目でみられ、生きる術《すべ》を失った絶望感はその後の人生を決定づけました。

結婚後も、もし社会的な大事件が起こったら、連動してマークされている私が襲われるかもしれない、子どもたちにも被害がおよんでは大変、といつも心配しつつ、何かあったときのためにも近所の人たちを大切に、仲良くしようと心がけてきました。これまで何ごともなく過ごすことができましたが、警戒心はいまだに解けません。

女性が自立できる男女平等社会をつくる

一九四七（昭和二二）年に施行されたばかりの新憲法を講義された女性の先生は、気分が高揚して明快な声で前文から主な条文を丁寧に解説なさり、私はよい時代に生きることができるのだ、と未来を明るく思いました。以来、大切な新憲法を守り、主権在民を実のあるものとしていくために自分を高めなければいけない、と努力してきました。

戦後日本社会は、先述したように、戦後生まれの人たちが、戦前・戦中の社会制度・風潮が容易に理解できないほど民主化されました。しかしその一面、私の体験のように〝戦前と変わらぬ〟影の部分が生き残り、状況によっては公然と姿を現すこともあるのです。ヘイトスピーチ、慰安婦問題にみられる排外主義、憲法九条を守ろうというだけで偏向呼ばわりする右翼潮流……。もの言えぬ社会の再現を許さないためにも、歴史認識は深められねばなりません。

戦前は戸主制度のもとで家族員はしばられていましたが、新憲法では「婚姻は、両性の合意のみに基いて成立し、夫婦が同等の権利を有する」など、結婚の自由、男女平等がうたわれていて、私はどういう結婚をするか、まずは働いて経済的に自立し、夫婦対等の結婚をし、子どもを産んでも生涯働きつづける、と決意しました。その生き方を認めて一緒に生きる相手を探すのも大変でした。

戦前は結婚は家と家が結ばれる、女は相手の家に嫁にいくかたちだったのが、新憲法では個人が主体なので、当事者がすべてをとりしきる、という結婚式をするために新しい様式を生み出すことも大事業でした。

結婚後は姓を変えないつもりで婚姻届は出しませんでしたが、まず、周囲が夫の姓で呼ぶようになり、三年目に出産届を出しに行ったら、戸籍係の人に「待っていてあげるから婚姻届を出しなさい」といわれ、やむなく夫の姓に変えました。これはどうも納得のいかないこと、今、選択的夫婦別姓はたくさんの女性たちの声となっています。

戦前の女性はほとんどが経済力をもっていませんでしたから、女は三界に家なし、と子どもの頃は親、結婚して夫、老後は子どもに扶養される生き方しかありません、仕事をもちつづけるには独身が当たり前といわれました。戦後の私のいちばんの願いは、結婚後も出産後も働き、男と同等の収入を保障される社会にしたい、ということでした。女性が働きつづけられるような社会にしていくことは一つひとつ乗り越えねばならない困難がひかえていました。夫の収入に頼らず、自分の糧《かて》だけでも稼ぐのは当たり前、という信念はなかなか受け入れられませんでした。今では当然と思われることを、数十年前に実行していくにはたたかいが必要でした。
そういう主張をするからには、自分もそのように生きなければならない、新憲法はそれを私ひとりではなく多くの女性にひろげつつ、すべての女性がみな生きいきと自由に生きられるように、と一緒に活動してきました。

戦後の七〇年で女性の活躍は進んできましたが、男女差別は根深く、社会全体では雇用・家庭生活などまだまだですが、私自身はなんとか、結婚・育児・仕事をつづけられて経済的独立を得ることができました。
そうはいっても、安閑としているわけにはいきません。戦争国家、戦争社会となったら、戦後、必死になって築きあげてきた戦後民主主義の成果が、水の泡になってしまうこともあるのです。そうさせないために、私より若い人たちに、私たちの経験をきいていただき語り合って、一緒に未来をみすえて前に進みたいと思っています。

二〇一六年一月

橋本　宏子

切り拓く――ブラックリストに載せられても＊もくじ

終章　来し方を振り返って　181

あとがき　221

略年表　230

装丁　市川美野里

第Ⅰ部

＊

戦時下の青春

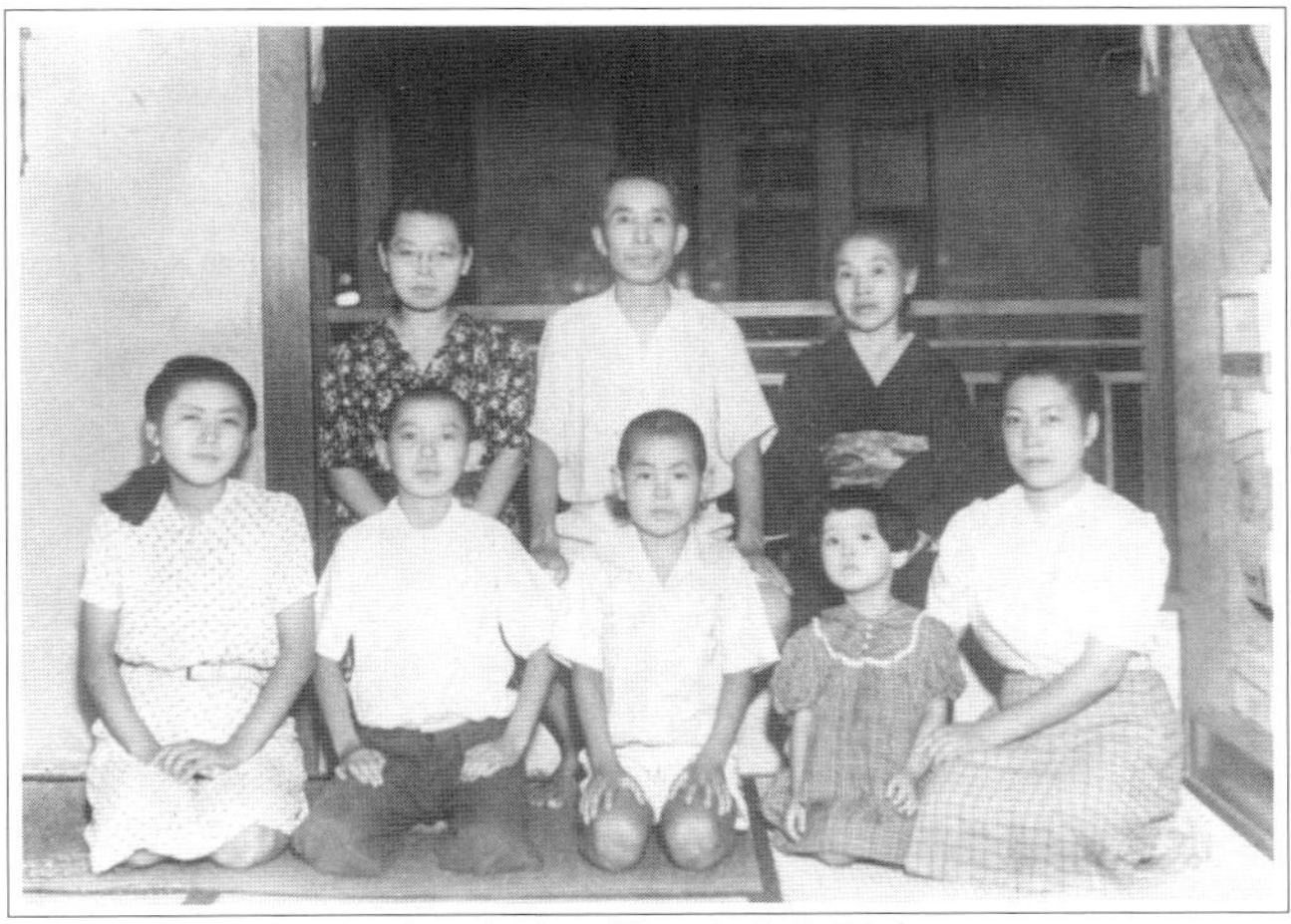

疎開を前に揃った家族写真
（前列左 宏子 16 歳　弟・暉夫　次弟・幹彬　妹・計枝　従姉・石津美代子
後列左から　母、父、祖母　1944 年 8 月 18 日）

第1章　実家のこと

七五三の祝い（宏子 数え7歳　1935年）

祖母・せい

私は一九二九（昭和四）年四月六日、当時、京橋区水谷町と称した場所（一九三二年、区画整理後、八丁堀となる）で生まれました。その場所は東京駅八重洲口から東南の隅田川に向かって徒歩一五分、伊豆・房州などと往復する船の発着所で、霊岸島に隣接し、竹河岸もあり、明治の頃から船員・職人たちが行き来するにぎやかな活性化した商業地でした。

祖母の綱島（旧姓）せいは一八八五（明治一八）年、同じ場所の遠州屋という足袋屋《たびや》に兄二人弟一人の間のひとり娘として生まれました。

当時の小学校は四年制で小規模、八丁堀にもあちこちにあったようです。小学校卒業後は、足袋屋のお店を手伝いながら裁縫塾（お針）に通っていました。この時代、女性は和服一式の縫い、解き、洗い張り（洗濯）や縫い直しをできるのが当たり前で、布団は縫うだけでなく打ち直しもしました。六、七歳くらいから針をもち、最初は雑巾で練習、浴衣《ゆかた》は一反を裁って一日で仕上げます。袷《あわせ》、綿《わた》入れ、羽織などは季節ごとに縫い返さなければならないので、嫁入り前の女子は裁縫塾に毎日通うのが通例になっていました。戦前の結婚支度のなかには一連の裁縫用具、裁縫箱・裁ち板・張り板（二枚）などがタンスや布団とともに加えられていました。

せいは遠州屋のひとり娘として可愛がられていたようです。隣の塩もの屋（海産物店）の若主人・福島寿重と恋仲になり、日露戦争後、復員した寿重と結婚しました。

一九〇七（明治四〇）年に母・辰代が生まれ、その後次々に娘三人が生まれました。寿重は在郷軍人会京橋区分会第七班に所属、評議員として大活躍しましたが、所得が少なく選挙権もないのに（当時、選挙権は、直接国税を一五円以上納めている二五歳以上の男性だけでした）、選挙活動に熱中し、政友会を応援していたようです（母からよく聞いていたのですが、最近当時の名刺が出てきてわかりました）。

祖母・せい（54 歳のとき）

店と活動が多忙だったせいか、寿重は一九一八（大正七）年、胃潰瘍のために四一歳の若さで急死、惜しまれての盛大なお葬式だったそうです。当時、祖母・せいは三三歳、母・辰代は一一歳、その下に九歳、四歳、生後一カ月の子どもがいました。さらに寿重の葬式直後に四歳の三女が死亡し、不幸のどん底に突き落とされ、悲嘆にくれました。

しかし祖母は使用人や隣の兄弟の助けを借りて、干物など海産物の小売商を継続しました。乳児を抱えながら、寒い冬でも浴衣でお正月用の塩鮭を洗うなど、朝から晩まで働かねばならず、おかみさん稼業は体力的にもたいへんだったようです。

戦前はすべて自費診療だったので、ちょっとした病気は売薬や鍼《はり》・灸《きゅう》で治していました。三〇代で夫を亡くし苦労を重ねた祖母は、五〇代半ばから体調を崩し始めました。眼を患い、あちこちの眼科に通うのに、いつも私が手を引いてお供をしました。また、水仕事のために冷えて膀胱炎になり、今なら抗生物質ですぐ治るものを当時の医学ではどうにもならず、身体を絞るように「痛い、痛い」と連発していました。民間療法で治療するだけで、いつも「苦しそうでかわいそう」と心が痛みました。戦時中、千葉や山梨（北巨摩郡武川《むかわ》村三吹）の辺地に私の妹（五歳）と疎開し、寒くて身体が冷えてますます悪化したのでしょう。膀胱がんの疑いで大学病院に入院したときは手遅れ、手術した直後に亡くなりました。まだ六四歳でしたが、ずいぶんおばあさんに見えました。

母・辰代

母・辰代は一九〇七（明治四〇）年に生まれました。母は地元の坂本小学校に入学し、五年生から猛烈な受験勉強をして亡き父親が勧めていたという府立第一高等女学校に合格。当時この女学校は新しい理念に燃えた市川源三校長のもと、五年間の充実した教育が評判で競争率が高く、入学できたことは母の生涯の誇りでした。

当時の慣習として、府立高女入試のためには放課後居残っての補習授業が必要でした（当時は公立の高等女学校は東京市内に数校しかなく、激烈な受験競争でした）。

大正期の女学生（母・辰代　第３列右から３人目　1924 年）

父の死後も中止せず一生懸命勉強し、経済的困難を押し切って入学しました。

母・辰代が高女五年生、一六歳の一九二三（大正一二）年九月一日、始業式から帰宅し、昼食をとろうとしたとき、関東大震災に襲われ、燃え広がった火災で、家族は全員無事だったものの家財一切を失いました。たいした財産もない母子家庭が災難に出遭ったのですから、その後の苦労は想像できます。震災の翌年に卒業し、母はさらに進学したかったようですが、震災後の家庭の事情で断念し、家業に専念しました。

母は女ばかりの長女として父親に期待され溺愛されていたようで、その後困難なことに出合うと仏壇の前で手を合わせ、一心に声をあげて拝んでいました。

父・五郎三衛門

父は一八九七（明治三〇）年、倉敷の一二代つづいた古い家に六人姉弟の末子として生まれました。旧姓は「山川」、名前は「五郎三衛門」といいます。このような旧式な名前は名家の跡取りぐらいしか聞いたことがなく、父親名を聞かれたときや保護者欄に書くとき、私はいつも恥ずかしい思いをしました。

父は「わが山川家は旧家で、三〇〇年も前の初代の名前（五郎左衛門）をもらったのだ」と言っていましたが、父は「親は気位ばかり高くて」と批判的でした。

以前、倉敷に住む今の当主の元昭さんを訪ね、そのルーツを墓碑や過去帳でたどってもらったことがあります。山川家は父の代で一二代目で、初代は慶長年間一七世紀初頭の多田（一六五四年以降の四代目から山川）五郎左衛門で、名刹《めいさつ》といわれる市内の寺に広い墓所があり、その奥に名前の刻まれた墓碑があります。讃岐屋山川家と称して郷宿《ごうやど》や古着商をしていたそうです。旧家を誇りにしていたらしく、父方の祖父楠之進は、その長男を三代前と同名の元蔵と名づけ、女子が四人生まれた後の末子が男子だったので、初代にあやかり、五郎三衛門としました。家名

山川家の人々（父・五郎三衛門　左から４人目　1940 年）

を挙げてほしいとの願いで命名したのでしょう。

一二歳のとき、父親の楠之進が死亡し、願っていた進学はかなわず、高等小学校が最終学歴となりました。あまり繁盛していない家業の手伝いを命ぜられ、それがいやで一五歳のときに家を飛び出し、大阪の繊維問屋に丁稚《でっち》奉公しました。のちに東京の衣料問屋に移り、そこで番頭を務めるまでになりました。父は、長い独身時代に肋膜炎など病気になったこともあり、健康に留意し、読書好きで書道を習い、登山など趣味豊かに暮らしていました。

父は生家での節約・倹約・生涯現役を頑固に押し通し、過食せず、散歩など心がけ、八七歳まで大病せず、自律的に生きたので、そのことだけが子ども心に残りました。

父母の結婚

震災後はじまった区画整理事業によって、借りていた借地は少なくなり、隣家にあった祖母の兄である実家の当主は、姪である母に家業の足袋屋を譲りました。当主は独身だったので、店を母子家庭になった一家を援助するつもりで引き継がせたのです。自分は区画整理で受け取った一時金をもって、近所で小間物屋をしていた子連れ女性を伴い、郊外に引っ越して植木屋を始めました。

　母は家を立て直すために祖母と一緒に奮闘し、洋品屋を開店しました。祖母は、取引先の衣料品問屋の番頭をしていた父に眼をつけて婿養子になるよう口説き落とし、母を説得して結婚が決まりました。一九二八（昭和三）年のことでした。

岡山への家族旅行（宏子 8歳　前列左　1938年）

　十数年卸売り店で働いて三一歳で小売商になった父ですが、商売には向いていませんでした。婿で養子に入ったこともあってか、静かな父は影の薄い存在でした。福島家は明治維新前後に房州から江戸にきて塩もの屋を始めた母方の先代と、明治以前から足袋を商っていた祖母の実家の経験が家の生活習慣となっていました。

　一九三八（昭和一三）年春、父母が結婚後一〇年目に初めて家族で倉敷に里帰りしましたが、そのとき岡山城・瀬戸内海を一望する鷲羽山《わしゅうざん》、四国の金毘羅宮《こんぴら》・高松の栗林公園・安芸の宮島など名所旧跡を訪ね、春休みを楽しく満喫しました。宏子八歳、弟・暉夫《てるお》六歳、次弟の幹彬《みきよし》四歳、最初で最後の豪勢な家族旅行でした。倉敷の実家の兄姉は、姉の養女でモダーンなよね子さんとともに大歓迎でもてなしてくれました。その翌年も法事かなにかで倉敷にお伴したので、近所の子たちと仲良くなり、鶴形山公園を走りまわって遊びました。

最近訪ねてみて考えたのですが、その山川家は倉敷駅から徒歩数分、大原美術館へ行くメイン道路の中間にあり一等地、広い間口の土地、墓所は観光案内にもある寺で一〇平方メートル以上の広さです。それにもかかわらず、生業《なりわい》もままならず、粗末な家屋で貧しい暮らし、子の進学の望みもかなえられず、ただひたすら節約しながら先祖が残した墓と家屋敷を守って生きてきた山川の父の両親を思うと、「家制度」のむなしさを感じます。

福島家の墓は深川の寺町の平川町にあり、狭い土地に一画八〇センチくらいで墓石がぎっしり並び、墓碑には明治二〇年代に死亡した三代前からの戒名が彫られ、お骨も納めてあります。親類縁者との交流もなく、家意識はありません。東京では家よりも本人の将来のほうが大事と、無理しても子どもの進学を進めたのでしょう。岡山との違いを強く感じます。

私の誕生・幼少の頃

私が生まれたのは一九二九（昭和四）年、その後二歳ずつ離れて弟が二人生まれました。さらに一〇年後、妹が生まれ、四人きょうだいとなりました。

名門女学校を卒業したというプライドをもっていた母は高等小学校出の父を下に見て、商売のことなどでよく文句をいうものですから、父はときどき爆発し、夫婦喧嘩が絶えませんでした。私の幼いときの記憶は、父母のいさかいと、母の文句、祖母の小言が印象的です。

また、母より二歳年下、一〇歳下の叔母二人も同居していました。

私が生まれ育った頃の祖母・せいは、お店で働く母に代わって孫の面倒をよく見てくれました。まだ四〇歳代で働き盛り、針仕事と魚捌《さば》き、季節の白菜漬け、梅干漬けなど家事をよくこなしてやりくりが上手でした。

当時は、江戸時代からの延長で家は狭く、料理など作る場所もありませんでした。朝二升釜でご飯を炊きお櫃《ひつ》に移します。鰹節を削って出汁《だし》をとり、大根とか蕪《かぶ》・わかめなど一種類の具でつくった味噌汁、夏はぬかみそ漬け、冬は白菜漬けをおかずにして朝食、昼は干物・塩鮭な

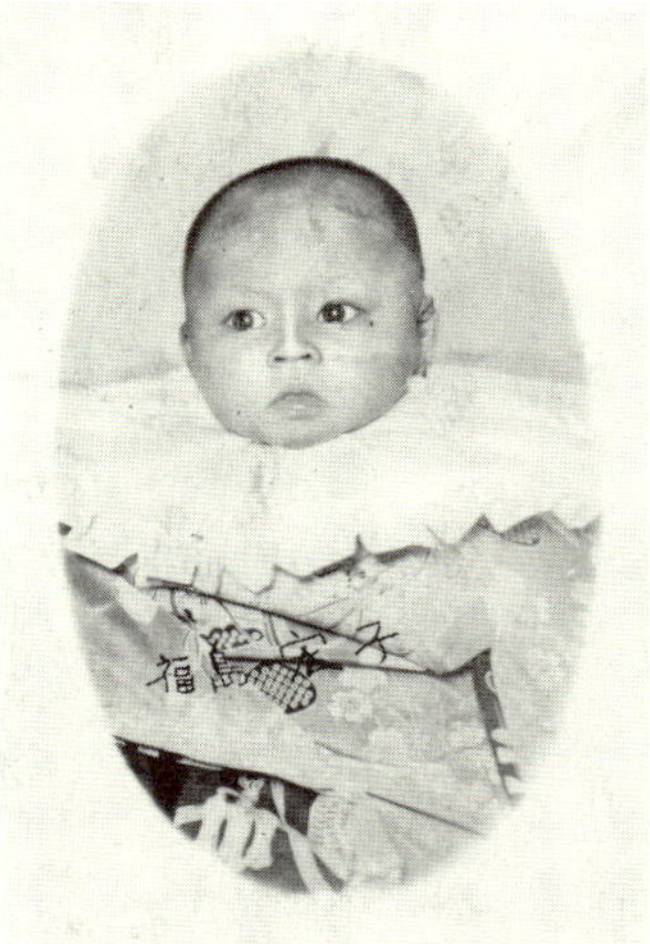

お宮まいり（6カ月の頃）

七五三（数え3歳　1931年）

ど漬物、夜は安い大衆魚を煮るか焼くか、野菜の煮付けに漬物という食事でした。肉はまれに「ご馳走」としてすき焼きを食べる程度、天ぷら・精進揚げ・カレーなどはお店が暇なときに母が作ってくれました。お刺身は来客時のご馳走でしたが、いきがよくて美味しかったことを覚えています。

当時は電化製品などなく、家事はすべて手作業ですから住み込みのお手伝いさん（女中さんといいました）がどうしても必要で、親戚がいる房州から若い娘さんが来ていました。三人の使用人と合わせて一一人分の食事づくりは大仕事でした。主食中心の簡単な食事で、贅沢などできません。祖母は私をお供に日本橋のデパートによく出かけ、帰途に必ず、「うなぎや」とか「仕出屋大増」、茅場町の中華料理屋満珍軒で食事しました。家で食べられないものを、孫をお伴にそっと出かけて外食したのです。

江戸で「にぎりずし」「天ぷら」「幕の内弁当」など外食が普及したのは、町人たちの家は狭く料理ができないこと、商家は使用人がいるので主人一家だけ特別料理など食べるわけにはいかないので、外へ食べに行ったのです。また、農民や武士は現金が自由にならないけれど、町人は日銭稼ぎもできて小銭は自由になるので、外食し、版画や絵双紙を買い、けれど派手な服装・目立つ贅沢は禁じられていたために歌舞伎を贔屓《ひいき》にし、豪華な衣装の舞台を見て発散したのだ、とも思いました。江戸時代は武家と町人は身分制度のもと、住み分けもしていて、武家文化と町人文化が別々に存在したとのこと、明治以降はその延長で山の手文化と下町文化になった、と学んで「ああそうか」と納得しました。

余談ですが、私は山の手の代表的女学校に入った後、カルチャーショックで無口になりました。士農工商で、私の生まれ育ちは一番低い階層、親の話し方・食べ方・笑い方まで下品に見えて恥ずかしく、ボロが出ないかいつも気にし、小さくなって小声で話し、こそこそと目立たないように通学しました。山の手の文化、行儀作法を早く身に付けたいとどれだけ努力したか、このコンプレックスは最近までつづいていています。

最近「江戸文化」について、図書館などで勉強し、やっと「町人文化」の由来がわかり、私の思考方式（気早い・先祖や子孫を気にしない・親戚づきあいがない・世話好き・歌舞伎・オペラなど派手やかな舞台が大好きｅｔｃ）も江戸町人の流れなのだ、と誇らしく「なーんだ、違っていてよかったのだ」と自信がつきました。

叔母・富美子

わが家には母の妹が二人一緒にいました。上の富美子叔母は母より二歳年下で小柄、三輪田高等女学校を一九二六（大正一五）年に卒業して、学校の推薦で日本銀行に勤めていました。身体が弱いので生涯独身のつもりで、余暇に茶道・華道を学び師範の資格を取り、のちに近所にしもた屋を一軒借りて、夜と日曜日にお稽古をしていました。一〇〇円という高給取りが誇りで、上品でインテリでおしゃれ、美人でした。また、たいへんな読書好きで、当時発行されはじめた円本、日本・世界文学全集などを次々と購入していました。八歳下の千加子叔母のために小学生全集も買い、私にもいろいろなことを教えてくれました。あとになってそのいくつもの全集が順次私の読書欲を満たしてくれ、ギリシャ神話をはじめ各国の神話や童話、物語、最後は小説の世界へ浸りました。そんな叔母が自分の家族で一緒に暮らしているということが嬉しくて誇らしい思いでした。

その富美子叔母が一九三九（昭和一四）年、突然お嫁に行くことになりました。がっかりしましたが、後妻なので私より一歳上の女子と二歳下の男子の母親になり、急に従姉弟ができたのはちょっと嬉しいことでした。

あとで母からこの結婚のいきさつを聞きました。ある日、富美子叔母は友人のお見合い写真を撮る付き添いで写真館を訪れたところ、その後その写真館の主人から求婚されたのです。何回も断ったのだけれども、熱烈なラブレターがひっきりなしにきて、すさまじい攻勢だったそうです。最後は小型のピストルを出してきて「断られたら無理心中する」とまで言われたので、「こんなに求婚されるのだから、ひとりでいるより心強いか」と決意したそうです。

相手は再婚でもこちらは初婚だからとそれなりの手続きを踏んでもらい、自前で豪勢な嫁入り道具をそろえ、振袖の花嫁衣裳を誂《あつら》えて髪を文金高島田に結い、赤坂・日枝神社で立派な結婚式を挙げました。そのように大騒ぎして結婚したのに、夫は入籍させませんでした。その前に何度か後妻の家出を経験したので、富美子叔母も居つづけるかどうか信頼できなかったのでしょう。

それでも母や叔母たちは「従姉弟ができてよかったねえ。同年の従姉弟って一緒に遊べて何でも話せてとてもいいのよ。仲良くしなさいね」と喜んでその姉弟を紹介してくれ、さっそく泊まりに行ったり、来たりしました。

双方の親や祖母たちが歓迎し、可愛がってくれるので、すぐに私たち姉弟と仲良しになりました。毎週新宿まで都電に乗って出かけるのも、毎日のように電話をかけあうのも楽しいことでした。

叔父は発明が大好きで、いつも新しいことを考え、実行する人でしたが、収入がついていかず、祖母や母たちは心配してその写真館が繁盛するよう、近所・親戚へ勧めてお客を広げていました。

写真の腕はその人の特徴をよくとらえて写すので、とても上手だと紹介した人たちから喜ばれました。頭がよくて器用でも商売は下手だったようです。子どものように何かに熱中するとそれ以外に関心がなくなる人のようで、気ままで私たち子どもに対しては無関心でした。

叔母２人（富美子 28歳／千加子 20歳）

叔母・千加子

二番目の千加子叔母は一九一八（大正七）年生まれで私より一一歳年長でした。富美子叔母と同じ高等女学校を卒業して文化服装学院で洋裁を学び、和裁塾に毎日通って家事を手伝っていました。昭和一〇年代の女性の流行を追いながらあれこれ話題を提供してくれて、私は姉のように感じていました。

当時の町娘はみな年末には日本髪を結います。一四、五歳で桃割れ、一七、八歳で結い綿やおしどり、二〇歳にはつぶし島田や高島田といった髪形に結うのが一般的でした。そして、年末になると浅草に髪に飾る丈長《たけなが》、水引、手柄《てがら》、簪《かんざし》、櫛などを買いに行きます。叔母のお伴をして浅草に行くのが楽しみのひとつでした。きらきらときれいな紙の紐や幅広の髪飾りを見ながら、私が大きくなったらどれを買おうか、飾ろうか、といつも考えていました。しかし、映画やお汁粉屋の噂話をし合う叔母を見て「私の理想とは違うなぁ。もう少し読書など深い話をしてほしい」と思ったりしました。

千加子叔母の周囲では、早く嫁に出さないとゆき遅れる、とあちこちに頼んで、お向かいの履物屋さんのお世話で、浅草にある鼻緒卸商の長男の嫁に決まりました。婚約中はいつも小学校六年生の私がお伴させられました。二〇歳の徴兵検査で甲種合格、徴兵されて戦地に行き、伍長に昇格したのが自慢の人でした。

わが家は当時戦時経済統制下、在庫品が飛ぶように売れて好景気だったので、嫁入り支度には最大の費用をかけて高級な着物をはじめ調度品などを用意し、美しいお色直しも含めて自前の振袖を二着分誂えて豪華な結婚式を挙げました。私は調度品や着物を見て「とてもきれい」と羨ましく思いました。今でもその美しい柄を覚えています。

叔母の結婚は太平洋戦争開始直前の一九四一（昭和一六）年一〇月のことでした。そう考えると、戦争の影響が厳しく生活に表れて、食糧をはじめ極端に物資不足になったのは四三年頃からで、とくに全国的な空襲で被害を受けたあとの戦後の数年間が飢餓的な苦しみだったとわかります。叔母の結婚相手は間もなく再度召集され、戦後復員して、空襲で火の中をかろうじて生き延びた妻子と老親と妹弟の疎開していた埼玉の郊外に戻ってきました。

戦後は洋服の時代になり、草履・下駄などの履物は売れず、その叔父は上野のアメヤ横丁であれこれの店を開きましたがすべて失敗し、いらいらして叔母に暴力を振るいました。アパート住いで最後はゴルフの会員権をさばく外交員となり、過労で突然死しました。まだ四〇代でしたが、二人の子どもは高校と中学だったので、千加子叔母は前からつづけていた針仕事の内職をして生活を支えました。

嫁にいくと婚家先の人になり、実家との縁は切ったほうが人間関係が上手くいくということで、私たち一家との交際を嫌い避けていました。そんな千加子叔母も私から見るとたいへん不幸でした。「千加子さんを引き取ってあげたら」と母に頼みましたが、それは無理なことで、母を非情だと思いつつ「結婚すると別に生きるのだ」と痛切に感じました。

大伯父・長次郎

私が影響を受けた親戚のなかに、隣家にいた祖母の兄、一八八三（明治一六）年生まれのグルメ趣味人、綱島長次郎がいます。前述しましたが、親から足袋屋を継いだものの、商売がいやで、昭和初期、震災後の区画整理時に補償金を受け取ると、店を祖母と母に譲り、営業資金も母たちに貸してくれました。

長次郎は、近所で小間物屋さんを営んでいた元芸者で子連れ女性を内縁の妻とし、板橋の奥の畑の中に広い敷地を借りて、これまで趣味で好きだった植木栽培の仕事を始めました。

私は幼少時、多忙な年末などそこに預けられ、大伯母の世話になり、その娘で私より四歳上

大叔父 亀吉の家で（宏子 2歳）

のまちこちゃんとよく遊びました。大伯母は元芸者ですから世話が上手で、優しく面倒みてくれるので好きでした。でも、母たちは「情がないから」と嫌っていました。

長次郎大伯父は「植木も身体が疲れるから」と辞めたあと、本郷の東大前に若干の衣料品も扱う小さいたばこ屋を開業しました。空襲が激しくなると房州の山奥に疎開し、戦後は大伯母と別れて大叔父の亀吉夫婦の世話になりました。亀吉大叔父は、祖母・せいの弟で慶應義塾商工学校を卒業し、遊び上手、器用さを買われて逓信省に技術者として勤め、元芸者さんと結婚したモダンな人でした。

母は、独身で高齢になった長次郎大伯父を同居させて世話をしたいとつねづね言っていましたが、私は戦後建てたバラックのような家に「これ以上家族が増えたら住めない」と大反対しました。

実家のお店と隣近所のこと

実家で営んでいた洋品屋の店は、三〇平方メートルに満たない土地に建てた自宅と一緒の二階建てで、「よく暮らすことができたなあ」と思うほど狭い建物でした。当時のすずらん通り商店街の端から四軒目にあり、間口二間奥行き三間、その奥に台所があり、その板の間三畳にござを敷き、ちゃぶ台を広げて食事をします。寝るための座敷や針仕事をする場所は二階の六畳と四畳半です。私の記憶では、六畳に子どもたちが父・母・祖母と三組の布団で一緒に寝て、隣の四畳半に叔母二人、お手伝い一人、台所に男の住み込み店員二人が寝るという具合で、計一一人が暮らしていました。

隣近所の商店（果物屋・魚屋・下駄屋・食堂など）もみなわが家と同じような広さでした。そして同年くらいの子どもがたくさんいて、道路と空き地でよく遊びました。区画整理で道幅が広くなり、八重洲通りや市場通りがつくられたものの、当時は自動車が少なかったので商店街や路地は格好の遊び場でした。

私は運動神経が鈍くて走るのが遅く、階段から落ちたり、道路で転んだり怪我が絶えません。

みんなの遊びについていけないので仲間はずれにされ、見よう見まねでまりつきや縄跳びをしたり、紙芝居屋さんがくると一生懸命見に行ったりしました。なぞなぞが大好きで、字を覚えてからは読書に浸りました。

私は、弟が二人もいるお姉ちゃんなのに面倒もみないと叱られたり、何でも人より遅いので周囲からは怒鳴られたり、びくびくしながら暮らしていました。家族にまで「のろまの宏子ちゃん」といわれて恥ずかしいことでした。幼児期、年末やお盆で店の繁忙時には祖母の兄や弟の家に一週間くらい預けられましたが、その家のおばさんたちは私をひとりっ子扱いをして、よく面倒をみてくれるので大好きでした。

幼稚園から小学校へ

一九三四（昭和九）年、公立小学校に付設されたばかりの幼稚園の二年保育に入園しました。前田宏子先生という若くて優しい先生が担任で、広壮なお宅まで母と伺ったことを覚えています。華族のお嬢さまが社会勉強のために幼稚園の教諭をしたのでしょう、一年勤めただけで退職されました。今考えると、私は父母に甘える暇もなく弟が二人もつづいて生まれたため、いつも欲求不満で大伯父宅や幼稚園が楽しかったのだと思います。

小学校は一九三六（昭和一一）年に入学しました。震災後に新築された鉄筋三階建ての校舎で教室にはスチーム暖房があり、狭いけれども一三〇〇人の生徒の声が飛び交うにぎやかな学校でした。

私はよほどわがままだったのでしょうか、一年生の組分けで二組に入ったのに「三組の先生の声がきれいだからどうしても三組がいい」と泣いてわめき、母が頼んで換えてもらいました。小柄な石橋先生は二年後結婚して退職、嫁ぎ先の大船のお寺まで何度か訪ねていきました（先生は赤ちゃんにお乳をやりながら、婚家への遠慮からか、いつも小さな声で話していました）。

幼稚園の頃（宏子 5歳）

しかし、二年生になると組換えで、今度は否も応もなく男女組の二組（一組は男子・三組は女子）に入れられ、そのまま六年生まで同じでした。三年生のとき、師範学校を卒業したばかりの一八歳の若い先生が担任となり、六年生まで一緒だったので級友とは仲良く、先生とは九〇歳で亡くなられるまでお付き合いしていました。当時は一クラス六〇人以上で六年次には転入生もいて六八人、二人用の机が教室一杯でした。

小学校から塾通い

戦前でも八丁堀ではみな教育熱心で、とくに母はエリート意識満々の教育ママで、子どもたちはお稽古と塾に通っていました。私は動きが鈍いから、洋舞踊がいいというので、童謡舞踊教室に通わされ、舞台に上がってみんなで踊る発表会も二回ありました。また一年生から書道、二年生から学習塾に毎日通いました。

運動神経はクラスで最低、逆上がり・懸垂《けんすい》はできず、肋木《ろくぼく》では一番上にぶら下がったまま怖くて泣き出す始末です。跳び箱は越えることなど不可能で、登って飛び降りるようなありさまでした。体育のある日は一番嫌で、お腹が痛くなりました。遊び仲間に入れないつらさと体育の怖さはいまだにつづき、私の劣等感として性格にも影響しています。後述しますが、中等教育の入学試験は戦時中の一九四一（昭和一六）年から筆記試験なしで、内申書・面接・体育で合否が決まる制度になっていたため、体育が苦手な私は公立を受験できず、叔母の卒業した私立の高等女学校に無理に頼んで入学させてもらったほどです。

小学三年生から通っていた個人が主宰する学習塾は体罰まで伴う厳しい指導で、参考書を使ってどんどん先に進み、強制的に詰め込まれます。学校でもやらないことまで教えられていたので、授業中は先生を冷やかすような目つきで見ていましたから、先生はとても困っていました。今思えば「嫌な子」の典型だったと思います。

そういう体験から、親になってもわが子の成績は気にせず、塾も無理強いしませんでした。

大人から学んだこと

このような肉親たちの生き方を見ながら、私は自分自身の生き方について、二つのことを考えました。

一つは「女も仕事をもって経済的に独立しなければいけない」ということです。親や夫に養ってもらうと、自分のことは何もいえなくなる、親や夫が破綻したらまきぞえになる、だか

童謡舞踊発表会（宏子 2 年生 中列左から 2 人目　1937 年）

ら自分で生きる方法を身に付けなければいけない、結婚は自分で相手を探さなければならない、運命は自分で切り拓くものだ、と肝に銘じました。自己責任・自己決定ですが、それを通すには、自分で判断できるように勉強をして世の中のことを知らなければいけないとも思いました。自分の人生は自分で決める、他人まかせにしないという私の原則は今日までつづいています。政治や社会についても同様で、何でも自分で考え、自分でどう行動するかを決めてきました。

二つめは、長次郎大伯父の生き方（正式に結婚せず、高齢になって独身となる）をみてとくに考えたことです。この人は、とても合理的で先もみながらものを考えるので学ぶところが多いのですが、楽に暮らしたいけれどこまめに動く人ではなく、腰が重いのです。動きの鈍いところは私もよく似ています。しかし、世の中はそう理屈通りになりません。結婚して一緒に暮らすには我慢が必要、子どもを産んで育てるのは喜びもあるけれど、これまたたいへんなことです。ですから、私はつまずき、あきらめそうになると彼を反面教師にして反省してきました。そうして、仕事でも何でも一つのことを根気よく継続することができ、仕事も家庭もつかみとれたのではないかと思っています。

コラム

一九三〇年代の下町の暮らし

私が生まれた一九二九（昭和四）年は関東大震災から六年目で、区画整理が終わったばかりでした。東京駅八重洲口から南の隅田川に向かう、俗称「百間道路」といわれた広い八重洲通りがつくられ、魚河岸が日本橋の袂《たもと》から築地に引っ越したことで市場通り（現　新大橋通り）がつくられました。

子どもたちと遊び

わが家の前の八丁堀すずらん通りも八メートルほどに広がり、自動車も少ない時代だったので、こうした道路が子どもたちの遊び場でした。その代わり一戸あたりの面積は狭くなって、どこの家も子どもは屋内にいられなかったのです。道路で男子はメンコ、陣取り合戦、戦争ごっこ、馬乗りなどをしていました。女子はゴムまりつき、お手玉、縄跳び、ゴム縄跳びのほか、蠟石で地面に絵を描いたり、丸を描いて片足で跳んで競争する遊びなどをしたりしていました。ときどきやってくる紙芝居屋さんにも夢中になりました。

近所の家は果物屋、お菓子屋、八百屋、魚屋、惣菜屋、履物屋、呉服屋、アイスクリーム屋、そば屋、すし屋、玩具屋、薬屋、染物屋、金物屋、鳥屋などの商店でした。それぞれの家に、兄弟姉妹が数名いて、しかも同い年の子どもたちがたくさんいたので、たいへんにぎやかでした。

雨の日、子どもたちは誰かの家にたむろするのですが、親は苦い顔で人数制限をします。他家で遊ぶのはまた楽しいもので、ままごと、お人形遊び、お手玉、かくれんぼなど大騒ぎでした。

年末には商店街で戸ごとに同じ「お飾り」(竹と松など)を飾り、お正月は晴れ着を着て、羽根つき、凧揚げ、かるた取り、双六などで遊びます。七草(一月七日)を過ぎると、大人が竹を切って竹馬を作ってくれるので、それに乗ってまた大騒ぎです。節分の豆まきや三月の雛飾り、五月の端午の節句など、季節ごとの行事はどこの家庭でも祝っていました。私もこうした季節感が身にしみついているので、八〇歳過ぎた今でも五月五日には菖蒲湯、一〇月にはお月見、一二月の冬至には柚子湯(当時は自家風呂はないのでみな銭湯でした）と、季節ごとの行事を楽しんだり、季節の食べ物を食べたくなったりします。

六月は日枝神社の山王祭礼で一年おきに本祭りとかげ祭りがありました。本祭りの年は春から町内で揃いの柄の浴衣を選んで注文し、赤ちゃんから高齢者まで同じ浴衣を着ます。男児はお神輿《みこし》をかつぎ、女児は山車《だし》を引き、大声を出しながら、茅場町にあった日枝神社の分社までお参りに行きます。神社の境内には見世物小屋から露天商まで出ていて大にぎわいで、たいへん楽しいことでした。もちろん各家ではご馳走を作ってお酒と一緒にふるまいます。

日枝神社のお祭りで（宏子 4歳）

すばらしい宝物

七月になると、近所で有志の親たちが「今年はどこに行こうか」と相談し、房

州の海岸にひと夏避暑用の部屋を借りて出かけます。夏は疫痢・赤痢など消化器の伝染病が流行るので、生水は飲まないで麦茶を飲むこと、アイスクリームなど買い食いはしないことなど、厳しく教えられるのですが、それでも緑のない街中で遊ぶと暑さのなかで病気になりやすいのです。それで、海岸に行ったほうが安全だし、しかも夏の太陽のもとで体を鍛えると冬に風邪を引かないので安上がりだと親たちはいっていました。当時は医療保険がなく、医者にかかると高額だったのです。

低学年のときは千葉県の浜金谷で二年過ごし、四年生のときは弟のツベルクリン反応陽転で静養が大事と、福島県の猪苗代湖に近い中ノ沢温泉に滞在、五、六年は千葉県富山町岩井海岸に行きました。

近所の履物屋さんの家族も近くを借りて滞在していました。夏休みじゅう毎日、日課表を作り、朝は宿題をしてから、午後は昼寝をしてから、一日二回海水浴に行き、真っ黒になりました。ときには鋸《のこぎり》山に登ったり、勝山で船釣りをしたり、夜は浜辺でショウを見たりしました。星座も一生懸命覚えました。井戸で水を汲み、風呂を薪でたき、田んぼのあぜ道や畑で虫を追い、磯遊びで貝や小魚を捕ったりもしました。地引網を手伝ってもらった美味しい魚や、とれたてのトマト・きゅうり・茄子・とうもろこしの味は忘れられません。自然を知らない街なか暮らしの私にとって、夏の避暑地での経験はすばらしい宝物でした。

海の家はすべて自炊でしたので、食材その他の手配は母がしましたが、その後の生活は未婚だった家事手伝いの叔母が中心で、後片づけなどは私たちにまかされました。富山町には遠い親戚があり、母や叔母たちは子ども時代からおなじみでみな水泳が好きでした。私は五年生のときに富美子叔母から面かぶり、顔を上げての平泳ぎ、のし泳ぎなど、海での水泳を教わりました。以来今日まで夏は避暑、プールで泳ぐことは大好きで習慣化しています。

また、海ぎわに借りた一軒家は八畳二間なのに、遠い親戚のお兄さん、お姉さん、子どもまで遊びにきて一四人も泊まったことがあり、雨の日はみんなでゲームをしたりして大騒ぎで、これも楽しいことでした。

留守宅では「子どもたちがいないので、ゆっくりできる」と暑さに弱い祖母たちはほっとした、といっていました。狭い商家の暮らしで子どもだけを夏避暑地に滞在させることは、生きるうえでの知恵であり、家族にとって必須条件だったようです。毎月給料が入る生活ではないだけに、じつにつましい暮らしでしたが、夏の避暑費用は一種の子育て費用だったに違いありません。

歳末、正月、風物詩

歳末になると福引などで街はにぎわっていました。職人さんたちは年末・大晦日にまとまったお金が入るのでしょう、正月用品を買いにくるので、特別な出店をして大売出しをします。肌着や足袋などお正月には新品を着るのが慣わしだったので、よく売れました。わが家は年末と大晦日で年収の半分くらいの売上げがあったらしく、親戚一同手伝いにきて大騒ぎ、子どももみな臨時店員になります。一二時を過ぎると初詣に行った客もいて、夜中まで客は絶えず、大人たちは徹夜で商売していました。

元日は寝正月ですが、それでも、お昼前には年末に作っておいたお煮しめなどおせち料理と、小松菜だけが入ったお雑煮で新年のお祝いをします。私は、「よその家では、立田野（銀座にあった老舗甘味処）で出しているような、鶏肉と卵と三つ葉が入ったお雑煮を食べているだろうに」と不満でしたが、母たちはこの雑煮がいちばん美味しいと譲りませんでした。考えると江戸っ子は地産の小松菜でお正月を祝ったのかもしれません。

お正月はきれいな晴着を着るのが楽しみで、眠い親たちをせっついて着せてもらいました。晴着を着て、新しい羽子板をおろし、夢中になって羽根つきで遊びましたが、転んで着物を汚しそうになってあわてたりもしました。どこかの家に上がりこんで、かるた取りや双六もしました。

小学校四年生くらいからは百人一首を覚えました。叔母たちはみな十八番《おはこ》をもっていて、小学一年頃から「宏子は『あまつかぜ——』と読み上げたら『をとめのすがた——』という札を取りなさい」と教えてくれたので、いつも大人のなかに入って「あまつかぜ」が読み上げられるのを今か今か、と待ちました。その後、自前でほとんど取れるようになり、今でも「いちばんよく覚えたのは五年生頃だったなあ」と、ことあるごとに百人一首の短歌を懐かしく思い出します。

また、子ども時代に楽しみだったのは「花嫁さん」です。近所の娘さんがお嫁にいくときは、午前中に花嫁衣裳を着てお別れの「近所まわり」をします。外からお嫁さんがくるときは午後です。親たちがその日を教えてくれると、早くからそのお店の前であがりがまちに置かれている花嫁の草履を見ながら「今か、今か」と待ちます。ずいぶん長く待ったなあ、と待ちくたびれた頃、やっと花嫁さんのお出ましです。白い草履をはき、仲人さんに手を取られてしずしずとお祝いをもらった家にあいさつまわりをするのです。子どもたちは「わー、きれい」と叫びながら後をついて歩きます。お祝いのお菓子を撒いてくれることもあり、いつも心待ちしていました。ときには調度品を店先に飾ってお披露目する家もありました。

そのように花嫁衣裳に憧れたのに、私はそれを拒否して白いレースのワンピースで会費制結婚式を挙げました。しかし、今でも文金高島田と花嫁衣裳が大好きで、一日に一〇組も式を挙げる明治神宮に花嫁を観に行くのが休日の楽しみになっています。

こう書いてみると、私の子ども時代もそれほど不幸ではなかったのだなあ、と思います。八丁堀は人形町と並んで江戸時代からの商業地で、近隣には職人が多く、何でも揃わないものはないというほどさまざまな業種の二間間口の商店がひしめくように並び、道路脇にはどじょう屋さんなどの屋台や露天商もいました。近くには銭湯、日活と松竹キネマの映画館、寄席があり、それらが終わる九時から一〇時頃はざわざわと人声で眠れないくらいの騒がしさでした。

当時は、自宅にみな風呂がなく、私たちはときには子ども同士で誘い合って銭湯に行きました。そこでは、おばあさんが生まれたばかりの赤ちゃんをガーゼにくるんで湯船に入れ、洗い場で小さい身体を器用に洗い、外にいる母親に手渡すといった光景が日常的でした。赤ちゃんを受け取った母親は顔や身体を拭いて天花粉をはたき、おむつを当てて着物を着せます。私はその一部始終を見ているのが好きでした。子どものときから近所の人たちの裸姿も知って付き合いをしてきたわけで、そこで大人たちから世の中の作法や習慣を教えられたように思います。

どこの商家でも、お店には番頭さん、奥には女中さんが住み込んでいて、朝九時から夜一一時まで働いていました。お休みは盆と正月だけです。一二歳くらいから新潟や東北地方から奉公にきて、商家では、何年か働くと「のれん分け」して店を持たせ、女性は婚家先を探して嫁入り支度一切を準備し、嫁がせるのが雇い主の務めとなっていました。小僧さんの手が、しもやけで真っ赤にふくれ上がっているのを悲しく思いました。

この習慣は、戦争で徴兵・徴用（未婚、夫に離・死別した女性と成人男性はすべて軍需工場に強制的に動員）されたり、配給制のもと、売る商品がなくなったりで街も無人となり、最後は空襲で焼けてすっかり変わりました。江戸時代からつづいた風俗や慣習などは明治になってかなり変化し、その残滓《ざんし》も戦後の制度・経済の激動のなかで、まったく変貌を遂げたといえましょう。

第2章 戦争のなかの少女時代

12歳のお正月（1942年）

日中戦争開戦

忘れもしない小学校二年生（一九三七・昭和一二年）の七月七日、登校途中に同級生の妙ちゃんから「たいへん！　今朝から戦争が始まったのよ」といわれ、びっくりするとともに、「これからどうなるのかしら」と不安に思いました。この日、北京郊外の盧溝橋で始まった日中戦争は長期化し、一九四一年の太平洋戦争開始につながっていったのです。私の少女時代は戦争一色に塗りつぶされていきました。

学校でも、それから戦時一色になっていきました。朝礼では、まず宮城遥拝《ようはい》、君が代を歌っている間にしずしずと日の丸が揚がり、校長先生の訓話があります。「日本はアジア諸国を守り、平和を築くために立ち上がった。厳しい戦地で戦っている兵隊さんたちに感謝し、銃後の私たちは兵士の留守家族を大切にし、節約に努め、少しでも多く献金しなければなりません」と檄《げき》を飛ばす内容でした。

「慰問袋を送りましょう」と、数人の班ごとに物品やお金をもち寄り、手拭い一本を袋に縫って一個分の袋に缶詰やマスコットなどを詰め合わせ、それぞれが手紙を書いて入れます。

クラスで数個分を作り、学校が取りまとめて送ることがほとんどでしたが、ときにはクラスで自主的に数個まとめてみんなで陸軍省に持参しました。お金も物ももってくることのできない同級生がいることを不思議に思ったこともあります（貧乏な友がいることを知りませんでした）。

女子は針をもつことができるようになると、「千人針」を縫います。千人針とは、木綿のさらし布に赤糸を針に五回まわして引き抜き、一人一つずつ玉（結び目）をつくり、千個で腹巻にします。ただし寅《とら》年生まれは「虎は千里を行き、千里を帰る」という故事から歳の数だけ玉を作ることができました。千人の女性の思いを戦地に行く兵士に託すものでした。親兄弟など出征する人が家族にいる級友が教室にもち込んで、みんなにまわしていました。

校長をはじめ、先生たちからは「戦地にいる兵隊さんの武運長久を祈って、私たちは週一回梅干し一つだけの日の丸弁当で我慢しましょう」といった話をあらゆる場面で聞かされました。

南京陥落の際には提灯《ちょうちん》行列が出たり、花電車（都電の外壁をイルミネーションで飾った電車）が走ったりしました。一九四〇年には「紀元二六〇〇年」（日本を創めた神武天皇が即位してからの年月と教えられた）ということで、新たに作られた「金鵄《きんし》輝く日本《にっぽん》の……」という歌（奉祝国民歌『紀元二千六百年』）が盛んに歌われ、国を挙げて大々的にお祝いをすることで国威を高めようとされたのです。当時五年生だった私たちは「日本は東洋の盟主になるのだ」と意気軒昂でした。

一九四一年一二月八日に米英に宣戦布告すると、その後、毎月八日が大詔奉戴日《たいしょうほうたいび》とされ、国民の戦意を高揚するためのいろいろな行事が行われました。その日は学校から二キロほどのところにある宮城（皇居）まで歩いて参拝し、時には往復一〇キロの靖国神社まで歩きました。

少国民として軍国教育を受ける

学校では、銃後の立場で戦争に協力しなければいけない、と慰問袋などを自発的に送る運動をする一方、子どもも誇り高い「少国民」なのだと自覚させるような教育が行われました。毎日の朝礼では宮城に向かって遥拝、国史の授業では「天皇は天照大神の万世一系の子孫で神様」だと教えられました。先生は毎回授業の最初に、黒板に縦一本の線を引き、「天皇の先祖は神であり、今上天皇はその末裔《まつえい》だ」と強調するのです。私たちはみんな半信半疑で、雑談のときに小さい声で「アマテラスオオミカミって本当にいたのかしら」「嘘だと家族から聞いた」「そんなこと言ったらいけないのよ」などとささやき合ったものです。

小学二、三年生では教育勅語を全員が暗誦できるよう教えられました。入学・卒業・祝祭日には講堂に全校生徒が集まり、最敬礼して頭を下げている間に、壇上のカーテンで覆われた天皇・皇后の写真「ご真影《しんえい》」がしずしずと現れます。そこへ教頭が三方の上に紫の袱紗《ふくさ》で覆った教育勅語の巻物を捧げて運んできます。それを受け取った校長は、直立不動の姿勢で頭を下げている生徒の前で静かに開き、おごそかに読み上げるのです。

一、二年生は、先生から「『チンオモウニ』から始まって『ギョメイギョジ』で終わるから、校長先生が『ギョメイギョジ』と言い終わったら頭をあげるのですよ」と教えられ、意味がわからないまま頭を下げて立っています。「日本よい国強い国」「世界で一つの神の国」（文部省教科書）であり、「二六〇〇年もつづいた皇統は世界で一つしかなく、天皇は絶対的な存在」だと教えられました。

鎌倉へ遠足（小学校３年生　1939 年）

体力づくりも重視され、鉄棒・跳び箱・砲丸投げ・強歩訓練など全校あげて取り組みました。五年生から男子は剣道、女子は薙刀《なぎなた》が体育授業で必須となり、木刀や木の薙刀が学校に揃えられました。毎日、もっとも苦手とする鉄棒と跳び箱ばかりやらされ、私は泣いてばかりで登校拒否したい気分でした。ただ、歩くことだけはできるので、一日中（二四キロメートル）早足で歩く強歩訓練には熱心に参加しました。

楽しみにしていた伊勢神宮に参拝する修学旅行は私たちの前年までで終わりとなり（女学校も含めて団体旅行はすべて中止になりました）、遠足は靖国神社から始まって、高学年では多摩御陵など、天皇にかかわる場所が主でした。

良妻賢母主義の女学校へ

中等学校（男子は中学、女子は女学校と別学）の入試は一九四一（昭和一六）年度から学力試験がなくなり、内申書と体力テスト・面接だけとなりました。鉄棒など体育を重視したので、毎日「懸垂《けんすい》」や「腕立て伏せ」の練習です。都立の女学校に入るには、懸垂五回以上または腕立て伏せ五回以上できなければならないといわれ、一回もできない私は叔母二人の出身校だった私立三輪田高等女学校を受けることにしました。それでも腕立て伏せができなかったので、本当は落ちるところだったのですが、母が知り合いの先生方に頼みに行ってやっと入学できました。

そのことで私はどのくらい傷ついたかわかりません。憧れの女学校生活も「みんなより遅れている」という劣等感が先にたって少しも楽しくありませんでした。その後遺症は長くつづき、今でも「私の実力で入学できる女学校に行けばよかった」「もっと気楽に学校時代を送りたかった」と思っているほどです。

女学校入学の頃

三輪田《みわだ》高等女学校は一九〇二（明治三五）年の創立で、良妻賢母教育に徹した女子教育をしていました。名家に嫁にいくことが理想とされ、当時校長だった三輪田元道先生は、週一回ある「修身」の時間に毎回「良家の子女のたしなみ」や「嫁の心得」について、例をあげてわかりやすくユーモアを入れて話されました。

裁縫は週七時間あり、教材は自宅にもち帰

り禁止で、裁縫室の戸棚に入れて、先生が鍵をかけます。

一方、学力も重視されていて、国語（文法）、英語、数学、地理歴史、物理、生物なども熱心に教えられていました。初めて出合った英語は最初、好奇心もあり、楽しい授業でしたが、記憶することが苦手なのか、単語を覚えられず、前置詞や副詞・動詞も理解ができません。当てられても答えられないので、だんだん「怖い」授業になりました。よく考えると予習・復習しなかったのがいけなかったのですが、周囲の級友たちはみな記憶力がよくて一生懸命勉強しており、とくに兄姉のいる人は飲みこみが速いので、私はすべてにわたって落ちこぼれ意識でいっぱいでした。

小学校時代は、塾で強制的に勉強させられたので学力がついていたのですが、その強制がなくなって自分で勉強する気にならなかったのです。その結果、通知表は算数と国語だけが「優」であとは「良」ばかり、四年生のときは英語が「可」でした。小学校では「良」が二つくらい、全部「優」のときもあったので、成績が逆転したことのショックは大きいものでした。

工場へ勤労動員

南方での戦争は激しくなる一方で、連合艦隊司令長官の山本五十六の乗った飛行機がアメリカ軍に撃墜《げきつい》されて以来、戦局は厳しい報道がつづきました。一九四三（昭和一八）年の四月に東京の一部が空襲され、その頃から地方に親戚のある家庭は疎開せよ、と奨励されました。四四年には小学校五年生から学童疎開が強制され、私の二番目の弟も学年全体で埼玉県に疎開しました。五八歳の祖母と四歳の妹は千葉県五井の農家のひと間を借りて疎開しましたが、米軍機が来襲するようになると、東京への通過路で危険だからと、さらに山梨県北部の武川村三吹に移りました。あちこち声をかけ、知人に紹介されて探した場所でした。家族は離散です。

各家庭内に防空壕を造ることが義務づけられ、わが家では台所の縁の下を掘り下げて全員が入れるような広さの防空壕を造りました（が、このようなもので命が守れるのかと半信半疑でした）。たいへん深刻な「非常時」で、空襲されたら生き延びられるかという不安でいっぱいでした。

級友たちもそれぞれに疎開するので自主的にお別れ会を開き、劇や歌に熱中したものです。

女学校２年生（14歳の頃）

私たちは女学校入学時から全国画一の制服が決められていて、独自の制服は着ることができなかったのですが、今度は「スカートは危険、全員ズボンかモンペをはくこと」とされ、一般人も男子は国民服でゲートル、女性は着流し禁止でモンペをはかなければならなくなりました。

世の中が戦時一色になっていき、私のなかでも楽しかった少女時代は終わりという覚悟が生まれました。お別れ会で歌ったり、踊ったり、お琴を弾いたり、衣装もち寄りで練習した劇を演じて遊んだことは、束の間の息抜きとして楽しいことでした。

いよいよ中等教育機関にも勤労動員が始まり、五年生から順に兵器工場へ通うようになりました。私たち三年生は四四年の夏から新小岩・立川・川崎に分かれて工場に入りました。私は新小岩の那須アルミ工場で、航空機のジュラルミン燃料タンクを造る作業でした。早朝七時から五時過ぎまで、「勝利の日まで」を合言葉に毎日作業（ドリルで穴あけ）に取り組みました。しかし、不慣れなため「オシャカ」（不良品）ばかり造り、無駄が多く、生産性の低さは明らかでした。未経験な一四、五歳の「学徒」を働かせることに疑問を感じました。

また、一カ月一回は登校させる、との約束も果たされなかったので、みんなで抗議したこともあります。勉強もせずこのように過ごしていいのかしらという不安も出てきて、「学校に戻りたい」と先生に切望しました。しかし、厳しい戦局のなか、学校側は私たちの要望など受け入れられないような状況でした。

東京大空襲で実家焼失

空襲は日を追って激しくなり、夜は灯火管制で真っ暗ななかで食事し、寝るときもすぐ起きられる服装で横になります。警戒警報や空襲警報が毎夜発令され、そのたびに地下の防空壕に入るので睡眠が中断されます。眠いのに早朝から出勤しなければならないのは、とてもつらいことでした。

通勤途中、空襲で電車が動かなくなってしまうこともたびたびでした。荒川の鉄橋を徒歩で渡ったり、火事のなかを歩いて帰宅したり危険なことばかりでしたが、「お国のために休んではいけない」と思いこんでいたので必ず出勤しました。

「海ゆかば」が毎日歌われ、「撃《う》ちてし止まん」「一億一心火の玉だ」「必勝」といったスローガンが私たちの心を支配していました。「警戒警報だからお休みしなさい」という母に、「そんなことをいうお母さんは非国民よ」といい返し、やはり勤労動員されていた中二の弟とともに日曜もない日々を送りました。

一九四五（昭和二〇）年三月九日夜、東京の下町一帯にＢ29が来襲して焼夷弾を落としました。花火が空いっぱいに広がって、大雨が降るようにガラガラと落ちてきました。深夜なのに真っ赤に染まった空の下、火は飛ぶように燃え広がりました。

私たちの家族は、茅場町のほうが燃え始めたとき、危険だからと、近くの八重洲通りで建物疎開（空襲による被害を少なくするため、建物を壊して空き地にする）が行われたあとの空き地に残っていた鉄筋四階建ての小ビルの陰に避難しました。少しの家財道具を運んで風を除けつつ、燃え上がる街を見ていましたが、わが家の障子に火がパッと燃え移ったときには「私の机も本も全部焼ける」と思わず泣き出しました。

火事は燃え広がると、風を呼び起こし、全体の空気が熱気を帯びて何でも火がついてパッと燃える大火になります。そんな火事の恐ろしさを身をもって体験しました。八重洲通りを一畳分くらいの焼けトタンが立ったまま吹き飛んでいき、火の粉は雨のように降りそそぎ、まさに「この世の地獄」という感じでした。

消防車がきたので呼び止めようとしたら、火と逆の方向に速い速度で走っていきました。母が「消防車は逃げてしまった」と嘆くと、みんなも同感でがっかりしていました。そのことから、それまでの「戦争賛歌」が消えて国のやり方にちょっと疑いをもち始めたようでした。

友人たちはあまり被災しなかったのですが、同じ工場で働いていた日大三中の三年生で、いつも号令をかけていた級長と副級長の男子が空襲で死亡したと聞きました。江東・深川一帯の被害の激しさに驚き、昨日まで工場で一緒だった同年の若者が死んだ、ということに深い哀しみを覚えました。

私の家族は大久保の叔母の家に避難して学校に連絡したところ、幸い市谷の陸軍省印刷所に勤労動員先が移り、今度は製本工として印刷物の折り作業をしました。印刷していたのは極秘文書で、「特攻隊の体当りは米艦の煙突一本折っただけ」といった報告や、ソ連と「満州」の国境付近のソ連兵力の状況などが書かれていました。

三月一〇日の空襲で焼け出されたときは、まず叔母宅へ行き世話になりました。四月と五月には中央・山の手一帯が大空襲を受け、銀座・日本橋から新宿・中野方面まで焼けてしまい、焼け野原となりましたが、なぜか現防衛省のある陸軍省は焼けずに残りました。四月二五日の大空襲で叔母の家も焼失してしまいました。叔母家族は地下に一部屋丸ごと入る防空壕を造っていて、家財道具は無事だったので、そこで暮らし、私たちは叔父の姉の嫁ぎ先である阿佐谷の家の留守番として移動しました。

五月の大空襲のとき、周囲に落ちた焼夷弾を始末していた叔父は、つい安全だと思って花火のように発火させてしまい、爆風に吹き飛ばされて大怪我を負い、翌朝亡くなりました。富美子叔母は頼りの大黒柱を失ってパニックです。生活費も稼げません。母は大の仲良しの大事な妹を助けようと努力しましたが、こちらも焼け出されて商売もできず家族は多くて手いっぱいでたいへんでした。叔母はやせ細り、まだ三〇代だったのに白髪が増えて見る影もなく寝込んでしまい、幽鬼《ゆうき》のようになって一年後に叔父の後を追うように亡くなりました。胃がんでしたが、医者にかかることもできない世情でした。遺体は、叔父のときも叔母のときも、近所の植木屋さんが助けてくれて、野辺《のべ》の送りの言葉どおりにその場で焼け跡の残材で焼きました。

わが家が焼失して移り住んだ仮住まいからも勤労動員先には休みなく通いました。電車不通のときは市谷まで八キロを歩いたこともあります。しかし、動員先の陸軍軍人たちの横暴さはひどいもので、食べるに事欠く私たちを前に「昨日は台湾に行ってバナナやご馳走をたくさん食べてきた」などと酒を飲んだ自慢話をよくします。ドイツは負けたというのに、そのような軍人たちの態度を見ると、周囲は緊張感もなくなってしまいます。私は、「焼け出されの身なのに無理して行かなくてもいいのでは」と思うようになり、七月から夏の暑さもつらく、無断欠席し始めました。

毎日、留守宅にある世界文学全集を読み、疎開先などに出かける母の代わりに家事をこなしました。都市ガスも出なくなり、石を積み上げて即席かまどを造り、拾ってきた古材で火を焚《た》いて食事づくりをしました。お米の配給も麦や大豆に代わり、芋類・かぼちゃ（どれも肥料不足でまずい）、野菜類を加えた混ぜご飯や雑炊《ぞうすい》で空腹を満たす程度のものです。よく洗ったり、硬いのをきざんだり長時間煮込んだりと手間・暇のかかるものばかりでした。便所の汲み取りもこないので、穴を掘ってそこに大柄杓《ひしゃく》で運び入れる自前の糞尿処理もしました。

敗戦の衝撃、疎開先へ避難

一九四五（昭和二〇）年、新型爆弾が広島に落とされたという知らせが入ってきました。新型爆弾は白いものを着ていると被害が少ない、と報道されたので、出かける父や弟に白いシャツや白ズボンを勧めたりしながら、「これからどうなるのかしら」と心配しているうちに、今度は長崎にも爆弾が落とされたことを知りました。ソ連も参戦し、明日の命もわからない不安な日々がつづきました。しかも連日の空襲警報で夜中に起こされ、いつ空襲に遭うかわからず、寝間着は一年近く着たことがないほどで、熟睡できない毎日でした。

八月一五日は近所の家の窓の前に集まって、「神様の天皇が初めてラジオに出るとは、たいへんな事態になったものだ」と思いながら「玉音放送」を聞きました。何のことかわからないでいると、「戦争が終わったのよ」と誰かが叫んだのでびっくりしました。「負けないはずの日本が無条件降伏するなんて本当かしら」とみんなで声を上げて泣きました。

が、しばらくたつと「今晩から電灯をつけて明るいところで夕ご飯が食べられるし、ゆっくり眠れる」ことや、「自分と家族の命が助かった」という嬉しさがこみあげてきました。当時一五、六歳でしたが、よく働き、生きたと思います。その体験は一生忘れることができないもので、私のその後の人生を決定づけたといえましょう。

八月末には「進駐軍が来るから若い女性は避難したほうがいい」と周囲の人にいわれました。とくに戦争体験のある男性がいうので、母は「あの人たちは戦地でずいぶんひどいことをしてきたから、同じことをされると思っているのだね」といっていました。

それでも、「やはり心配だから疎開したら」と大人たちにいわれ、一歳上の従姉妹と二人で、山梨の祖母の疎開先に行きました。中央線の日野春《ひのはる》駅から山道を下って四キロ歩かなければならない村でした。疎開地の農家から米・芋・野菜などを分けてもらって東京の自宅に運ぶこともありました。重いリュックを担いでどれだけ往復したことか、強歩訓練で鍛えた脚でもたいへん苦痛でした。物資不足はどこも同じで、どこも貧しい暮らしでした。農村では人手も不足していたため、田畑でそれほど大きな収穫もないのに、統制によって米麦の強制供出が義務づけられていました。農家の離れを間借りしての生活は、都会暮らししか知らない祖母の健康をむしばみ、寒くて膀胱炎など病気で苦しみながらも医者に行けず、周囲もどれだけつらかったかわかりません。

農家の主人とその家族たちは「都会の人はこれまで楽をして暮らしてきたのだから、この際農家の苦労を知ればよい」と意地の悪いことをいって、食糧も簡単に分けてくれません。そのことも私にはいい勉強になりました。

進駐軍がきて一カ月が過ぎ、あまり不安はないとわかったので、私たちは祖母と妹を残して帰京しました。すぐ母校に行きましたが、校舎は焼失しているので九段近辺の焼け残った学校

焼け跡にカボチャ畑（1945 年）

都内の焼け跡のなかで（1946 年）

や近所の小学校を転々と借りての授業です。教科書・教材もなく、黒板に書いた先生の字を写すのですが、ノートも不足していて一冊を全部の授業に使いました。日本全土が荒廃しているのですから、食糧不足はすさまじく、家畜の餌の「脱脂大豆」まで配給されました。お弁当を作るのもひと苦労で、芋・高粱《こうりゃん》・小麦入りご飯やお焼き（水で溶いた小麦粉に野菜などを入れてフライパンで焼いたもの）などをもっていきました。飢えはつらいものと身にしみました。

級友たちのなかには、空襲で住居がなくなって疎開先から帰京することができない人もいましたが、ぼつぼつ帰ってきて、再会を喜び合いました。

私は終戦当時一六歳でした。アメリカ軍の女性将校や女性たちの姿を見ると世界が違うように思えて、将来が無限に広がっていくような気がしました。というのも、当時の私たちは黒っぽいモンペ姿でみすぼらしい服装、一方、アメリカの女性たちは、スカートをはき、ピンクのブラウスを着たり、コートの衿にはきれいなスカーフをのぞかせて、ハイヒールで颯爽と歩いていたからです。そんな彼女たちの姿を見て、私は「若いうちにあのような服装を着るときがあるかしら」と焦り、憧れました。

敗戦で国のやり方が間違っていたこと、真実を報道されず、国民は騙《だま》されていたことがわかったので、アメリカ人が敵国人などとは少しも思いませんでした。

コラム

当時の商家の暮らし

両親が結婚した翌年、私が生まれた一九二九（昭和四）年、ニューヨークで株が暴落し世界大恐慌が始まりました。衣料品も値下がりして仕入れ値段より売り価格が下がってしまい、大騒ぎとなりました。しかも、日本橋の三越・白木屋・高島屋のデパートが蔵払いといって安売りを始めました。父は衣料問屋に長年勤めていたので、小売商のように細かくまめに仕入れることに慣れていないので、在庫の山のなかで支払いに苦労していました。倒産寸前まで追い詰められたとき、祖母・せいの兄長次郎（元遠州屋の当主）が区画整理で得た借地権料を貸してくれてしのぎました。

日本政府は恐慌による貧困対策として中国大陸に活路を求めて大量の移民を勧め、「満州事変」を起こし、日中戦争になりました。

それまではお得意さまサービス中心の厳しい小売りをつづけていたのですが、戦争景気で物価が上がり出すと、在庫が原価の二倍、三倍で売れるようになりました。しかも、物資不足がしのびよってきて、肌触りの悪い人工繊維が代用で市場に出るようになると、以前の純綿・純毛の衣料が貴重品となり、在庫はさらに値上がりして売れ始めました。

住み込みで働いていた店員の「信ドン」（昔は名前をこのように呼んでいました）が、わが家の前で出陣式をして出征したあとは人手不足で配達ができなくなりましたが、店売りで売れるようになりました。

その頃、わが家には寝るところもないくらいすべての空間に商品の下着（サイズを揃えると数が多い）や足袋などが置かれていました。昭和一〇年代後半、衣料統制を実施するために行政が在庫調査をしたところ、わが家は銀座・日本橋を含む中央区で

実家の遠州屋洋品店（1949 年 8 月）

最高の在庫だったそうです。その実績で配給の割り当てが決まるので、同業者からうらやましがられました。父の「仕入れ過ぎ」の欠点が、戦争景気のおかげで逆転して儲けにまわりました。戦時統制が始まって、米など主食と衣料は切符制となり、一定量しか購入できなくなり、さらに配給制が敷かれると、文字通り「あてがいぶち」（主君や雇い主が家臣・使用人に与える手当て）です。

太平洋戦争が始まってからはどこでも店に置く商品がなくなっていきました。配給制度になると、それまでの実績で各商店に割り当てができます。わが店は先述したようなわけで中央区で一番多いので、割り当ても多いのです。衣料品は不足していますから、食料品などと物々交換してくれるので、闇米など食糧は豊富にありました。お金があっても買う物がない時代、売れても使いようがありません。物はないけれど、「戦時景気」に酔いました。商品を疎開させ始めたものの、間に合わないうちに大空襲で焼失してしまいました。

戦後は疎開させた商品を売り食いしていましたが、配給が始まると割り当てがくるので、中央区に部屋だけ借りたり、元の跡地にバラックを建てたりしながら、ごく少ない配給物資を売りました。その頃は、野菜でも何でもそうでしたが、配給品のある日が予告されて行列して買うので、あっという間に売り切れです。

では、父は大儲けしたかというとそうではありませんでした。戦後はインフレーションで二倍、三倍と物価が値上がりし、預金凍結もあり、貨幣価値は戦前の一〇〇分の一くらいに下がってしまったからです。生活するのがやっとの状態で、板橋の片隅に昔農家だった三間の平屋を購入するくらいしかお金がありません。私たちは家族全員でその小さい家で暮らし、敗戦の二年後、元の八丁堀に二階建ての木造家屋を建てて引っ越しました。私も父母を手伝ってよく働きました。

元の場所で商売を再開できてほっとしたものの、住民は様変わりして戦前のように職人も住まわず、銀行・会社などのビルが建ちはじめ、居住者はいなくなり、客が激減しました。一九五〇年代になると、食糧・衣料などが出まわってきて、みなデパートに行きますので、小売商は売れません。昔のお得意さんに支えられて何とか洋品商をつづけましたが、父はつねに金繰りに窮していました。

第3章 価値観の変遷と自己形成

日本女子大学西生田校舎 園庭での授業風景（1946年）

借り校舎の女学校から女子大へ

一九四五（昭和二〇）年、戦争が終わり、臨時の疎開先から帰京しました。焼失した女学校に行ってみると、借り校舎を転々としながら授業を行っていました。年が明けた四六年、四年でも卒業できることになりました。

私でも進学できそうなところを探しました。願書をいくつも出したなかに、日本女子大学校の生活科学科もありました。入試は内申書と面接だけだったのですが、母校の学籍簿は焼失して内申書はありません。しかし、なぜか生活科学科だけは、成績表のない人を対象に、国語と数学の筆記試験をしてくれたのでした。

適当に丸をつけた答案だったのですが、偶然合格しました。同じ女学校から二五人も受験したのに、五人しか合格しなかったのです。私よりも成績の良い人が落ちたので、先生方も不思議がっていました。私はどうしても入学したかったので、近所の奥さんの知り合いの日本女子大卒業生（同窓会理事）に頼みに行き、その口添えがあったからか、第二志望の家政科社会福祉科に入学できました。なによりも本人がいちばん驚きました。舞い上がるような気分でした。

厳しい世の中、でも新鮮な毎日

一九四六（昭和二一）年五月六日、日本女子大学校の入学式に胸をときめかせて出席しました。「信念徹底・自発創成・共同奉仕」の三つが校是で、講堂の正面に書いてあります。「この学校に入学した人はみな創立者の娘として平等に扱う。成績の通知表はない」という校長先生の講話に驚きつつほっとしたことでした。本当に試験の結果などを知りたい人は担任に直接聞きにいくのです。聞いても覚えていませんから、自分の成績はわからずじまいでした。

一年生の授業は西生田校舎（神奈川県川崎市）で行われたので、混んだ小田急電車に乗り、さらに二〇～三〇分歩き、前年の晩秋に引っ越した板橋の家から二時間半もかけて通いました。食糧難なので、農耕の科目があり、泥沼の田んぼで田植えをしました。夏休み（七月から九月末まで）は長期間でした。

当時はインフレーションと食糧難で、公定価格の一〇倍以上もする闇米を買ったり、農村に買い出しに行ったりという生活でした。みな飢えており、焼け跡の東京はひどい住宅難でした。わが家は六畳に五人くらいで生活していましたが、三畳に六人という家や押入れで寝ているような家もありました。

　多くの人が貧困に苦しんでおり、同級生のなかには退学せざるを得ない人もいました。専門学校で学ぶという自分たちののどかな暮らし方に、「同世代のみんなが苦しい生活とたたかっているのに、私たちは勉強なんかしていていいのかしら」と疑問を提起する人もいて、私も悩み、苦しみました。

　そして、「ご都合主義かもしれないけれど、私たちは学ぶことで戦争・貧困の原因やそれをなくす道を探り、夜中まで働く同世代の人のぶんまで勉強してお返ししていく義務がある」という結論に達し、学生生活を送る意義を見出したのです。日本中でたくさんの同世代の人たちが「食べるため

日本女子大社会福祉科の学友たち（3列右から5人目　宏子　1948年）

に働き、進学を断念している」のに、学生であることを後ろめたく思いつつ、その人たちへお返しすることが私の使命と心に刻んだのでした。このことは生涯の私の課題で、それ以降の生き方の指針になりました。

とはいえ、友人たちと毎日話す内容は読んだ本のことや映画の話などが中心でした。そうい

「友よ肩に肩を組んで」女子大の友人と蓼科高原にて
（左２人目　宏子　1951 年）

同上（左から３人目　宏子　１人おいて川口和子さん）

う会話で刺激を受けて読書をし、満員の映画館通いもしました。知らないことばかりなので、上野の美術館・音楽会・演劇など話題になったところはどこにでも行きました。あとから考えると、学生時代のよさは、このように友人たちと交歓し、刺激を受けて知識を豊富にすることにあるのだなあ、と思います。若いからよく動けるし、ナイーブな脳だから早く吸収できるので毎日が新鮮でした。

日々の講義は先生の独演場で、基礎教育を受けていない私にはよくわからないことばかりでした。だからといって、わかるための努力をする方法も知らず、細切《こまぎ》れ知識をもっただけで、体系的に理解するには多くの月日が必要でした。

二年生から目白の校舎に変わり、上級生もいて「資本論研究会」といったサークル活動などの掲示も出ていて、学生生活らしくなりました。私も新制大学四年時に社会福祉学科のなかで、「婦人問題研究会」というクラブ活動を立ち上げました。

一年生だった一九四五年の秋、井上秀子校長が公職追放で退職を余儀なくされたとき、次の校長は民主的な人を、と学生たちがストを呼びかけました。女子大の目白構内で集会を開催し、近くの早稲田大学や学習院大学から応援がきて激励してくれ、一緒に目白駅までデモ行進しました。私も参加したのですが、これは私にとって初めての経験で、興奮し、気分が盛り上がりました。

学制改革で大学生に

戦前は尋常小学校六年が義務教育で、その次は高等小学校二年、または義務教育ではありませんが男女別学で、男子は中学校（五年制）、女子は高等女学校（四年制と五年制）がありました。専門学校は三年制か四年制で、大学は予科または高等学校三年、学部三年で、女子の大学は認可されず、大学進学はごく少数でした。

一九四八（昭和二三）年の学制改革で、中学三年までが義務教育となり、高等学校は三年、大学は四年制に変わりました。公立の中等学校はみな高等学校になり、その過渡期にあたった生徒は女学校四年で卒業するか五年で卒業するかを選択できることになったのです。学制改革前に女学校に入学したつもりが、高等学校に移行して六年も通学することになり、家庭の都合で通えなくなり、中途退学になった人もいます。

私が専門学校三年目（一九四八年）の学制改革で、それまで名ばかりで実態は専門学校だった日本女子大学校は新制日本女子大学と昇格しました。希望者は二年に移行を許可され、専門部に残る人と分かれました。

戦後は旧制大学に女性が入学できるようになり、専門学校卒業で東大や早稲田・慶應など旧制大学を受験する人たちもいました。私は女学校でも二年半くらいしか授業を受けず、基礎学力、とくに語学が弱かったので、旧制大学の受験はあきらめ、そのまま家政学部社会福祉学科二年生に移行しました。

社会福祉という進路に迷い

では、何を目的にどう学んでいけばよいか。新憲法の第二五条には「社会福祉」という言葉が入りましたが、それまでの日本では「社会事業」が主流で、講義もすべて社会事業概論や社会事業法制といった内容がほとんどでした。現場見学の単位もあり、毎週施設などを見学するのですが、当時は予算も貧しく慈善事業のような施設ばかりでした。そういうところで働くとすれば、低収入で奉仕することを覚悟しなければなりません。それに将来をかける気にはならず、「そのような暮らしは嫌だ。私だってきれいなブラウスの一枚も着たい」という思いもあり、迷いの日々でした。近隣の大学の研究会などにも出席しながら、どのような人生を生きたらよいか、同年代の青年たちは何を考えているか、見聞を広げていきました。

卒業した女学校の地理歴史担当だった日高智恵子先生に会おうと行った場所で、「今から友人に誘われて婦人問題研究会の講演会に行くから付き合ってね」といわれ、ついていったのが東京大学生有志による「婦人問題研究会発足記念講演会」です。講師は山川菊栄さんで、のちに『女二代の記』にまとめられた、山川さんとそのお母様のお話でした。明治の初めに女子（高等）師範学校第一期生だったお母様は男袴をはいて颯爽《さっそう》と歩き、高齢になっても友人たちと政治を話題にする進歩的な生き方だったのに、大日本帝国憲法発布（一八八九・明治二二年）、教育勅語（一八九〇年）以降、女袴をはき、「良妻賢母」主義に変わった、というエピソードが強く印象に残っています。

明治時代の政治動向が変化を重ねて逆行していくさまがよくわかり、戦後の「民主主義の世の中」で青春を迎えられたことを有効に生かして生きなければ、と痛感しました。

婦人問題研究会に入る

そのあとの懇親会にもお付き合いして出席すると、次回の研究会にも誘われました。見まわすと級友も数名加わっていたのでついその会に入ってしまいました。このような研究会に出席するのも、社会科学専門書を熟読するのも初めてのことでした。リンゼイの『友愛結婚』、ベーベルの『婦人論』などをあれこれ読み合ううち、私たちにも分担がまわってきて、エンゲルスの『家族、私有財産および国家の起源』を報告することになりました。

それまで、ゼミなどでも一冊の専門書を読み込んで報告することなどなく、初めての経験でしたが、一章ずつよく読み込んで理解し、要約する作業はたいへん勉強になりました。社会科学というものを初めて知り、筋道だった思想は理屈っぽい私の好みに合って、すっかりマルクス・エンゲルス思想のとりこになってしまいました。私有財産制度について原始社会からの生産力と生産手段の所有関係を社会構造的に理解できました。社会事業の対象者だった貧困層がなぜ生まれるか、貧困が生まれる社会構造は資本主義のしくみ、「資本と労働」の諸関係にあることを知って、「私は貧困をなくすための社会活動に参加しよう」と進む道が見えてきたのです。男女差別についても歴史的に明らかになり、女性解放運動とのつながりもわかってきて、新憲法で決められた男女平等を実質化することも私たちの務めだ、と思うようになりました。

また、東大法学部で民法ゼミを担当の来栖三郎教授は、女性がゼミに加わってほしいといわれ、一年間（一九五〇年）学びました。

戦争直後、これまで自由に研究できなかったという閉塞状態から解放された進歩的な学者たちが、学際的に集まって「民主主義科学者協会」（以下、民科と略）が発足しました。そのなかにできた婦人問題研究会に誘われました。歴史部会や心理部会、法律部会、哲学部会などたくさんの分野別グループがあり、当時活躍中の新進気鋭の学者たちが討論していました。神田駿河台の焼け跡に残った小さいビルの一室の暗い電球のもと、諸先生方が硬い椅子に腰かけて

野尻湖へ旅行（婦人問題研究会　1952 年）

東大婦人問題研究会 来栖ゼミ OB 会
（前列左から３人目 宏子　後列右から２人目 来栖先生　1957 年）

テーブルを囲み、論議しているのを聞いていると、知的好奇心が刺激され、参考文献を読みたくなります。通っている大学の図書室には経済学や哲学など、辞典・事典・辞書が揃っていました。それらを活用する方法を知り、わからない専門用語は辞書を引きつつ読み進みました。それまでは、難しい本だと三ページも読むと眠くなってしまうので小説ばかり読んでいたのですが、辞典・事典や辞書という便利な解説書の存在を知って未来が開けた思いでした。

女子労働問題をテーマに

一九四八（昭和二三）年、井上清『日本女性史』（三一書房）が出版されました。それまでは皇国史観的な日本史しか学んでこなかったのですが、新日本史を学ぶようになり、女性の歴史に目を開かれました。そういう勉強をすると現代女性の矛盾を探りたくなるものです。とくに「自分で生きていくための経済的独立こそ女性の解放」というのが私自身の目標でもあったので、女性労働者の実態はどうなっているのかということが気になり、そのテーマを研究したくなりました。

そこで卒業論文は、婦人問題研究会に入っていた友人たちと相談し、戦前の女工哀史が戦後どう変わったかを明らかにするため、昔から女性労働者の中心であった繊維工場労働者の調査を実施することにしました。大工場に調査に入るのは難しいので、中小企業に的をしぼりました。東京郊外の八王子には近郊農村から集めた繭を生糸にし、絹織物を生産する零細工場（機《はた》屋《や》）が林立していました。

一九五〇年の夏、二、三週間かけて八王子に通い、お寺に泊めてもらって近隣の織物工場に女子労働者を訪ね歩きました。調査の指導は民科の部会で講師をされていた信夫《しのぶ》清三郎先生にお願いし、論文の書き方まで含めて一から十まで教わりました。本当に多くの時間を費やしていただき、お世話になったのに、学生とはいえ何のお礼もできず申しわけなく思いました。その代わり、「世の中のためになるような生き方をしてお返しするのだ」と肝に銘じました。大学での指導教官は社会心理学の南博先生でした。

また、民科で出会った「思想の科学研究会」（一九四六年に創刊された月刊思想誌『思想の科学』を編集していた）の諸先生方（川島武宜・磯野誠一・鶴見和子・鶴見俊輔先生など）の農村調査も個人的にお手伝いし、ご一緒に東

八王子の繊維工場の食堂で昼食
（1950 年）

卒論指導の信夫先生と（左端 宏子）

京近郊の鶴川村に寝泊まりしたり通ったりしつつ、学問のあり方や研究方法から日本の家族制度、農村の実態、生き方にいたるまで、たくさんのことを学びました。

鶴見和子さんの「生活をつづる会」にも誘われて、先輩女性たちの悩みを聞きました。生活をつづる会は、これまでものを言えなかった主婦たちが参加して日常身辺のことを話し合い、それを文章にして読み合う会で、「家族内で経済力のない妻・嫁の立場は弱く、姑・夫の言うなりに家庭は運営され、何も言えない暮らし」など、若い私は初めて聞くことばかりでした。

また、東大教授の川島武宜先生に依頼されて、研究室で歌舞伎の河竹黙阿弥や近松門左衛門の脚本集から「恩・義理」の言葉を使っている部分を抜き書きするという手伝いもしました。鶴見・川島両先生には特別目をかけていただき、就職先の紹介、また一九五一年一月に『婦人公論』で「アプレゲール」（戦後派）というテーマの座談会が企画された際、私を推薦してくださったりしました（その座談会の担当者だったのが、のちに夫になる橋本進です）。日本女子大学には五年間在籍しましたが、学内よりも外の研究会に数多く参加し、充実した学生生活を送ることができました。

卒業を前にして労働省の婦人少年局に就職を希望し、一月から婦人課でアルバイトをさせてもらいました。しかし、三月になって定員法実施のために人員整理する必要から採用停止となりました。語学力不足も不採用の要因で、語学のできる人一人が採用されました（のちに社会党参議院議員になった久保田真苗さんです）。

当時、国家公務員試験の五級は受かっていたのですが、あまり希望しない部署からの問い合わせばかりなので断ってしまいました。将来、女性労働問題を解決するための研究や運動をしたい、と考えていたのです。あとから考えると、それを実現できる能力も体力もないのに、身のほど知らずということでしょうか。思い上がっていたのでした。

卒業後の進路、紡績工場に

一九五一（昭和二六）年三月に新制一回生として大学を卒業しましたが、以上のようなわけで、就職口のないまま、労働省婦人課で臨時的に人員整理実施の六月まで事務官の給与を支給され、その後は九月までアルバイト待遇で働きました。当時、大卒女性を採用する企業などなく、大学でも就職案内はごく少数だったので、個人的に探していました。

その頃、「人民のなかへ（ヴ・ナロード）」という合言葉がマルクス主義を信奉する学生の間で流行っていて、私も「工場など現場に入ろう」という気になっていました。新聞広告に紡績工場の寄宿係募集がいくつか出ていて、女性で専門学校卒という条件に当てはまるので次々に応募しましたが、書類選考で断られる場合がほとんどでした。しかし、何回目かに応募した帝国人造絹絲（のちの帝人）三原工場の舎監にやっと合格し、一一月、広島県の三原へ赴任しました。

出発するとき、東京駅までたくさんの友人たちが見送りに来てくれ、初めての「巣立ち」にたいへんな緊張感を覚えました。東京駅を夜行列車で出発し、広島まで十数時間かかって翌日の夕刻、帝人三原工場の舎監室に着きました。

ここは常時約一万人が働く大工場で、構内に木造二階建ての女性用寄宿棟が約一五棟ありました。そこの舎監の先輩たちが迎えてくれ、その一人が私の指導役となりました。みな二〇代の女性ばかり、さっそく歓迎会を開いてくれて、さらに歓迎旅行として福山市の鞆《とも》の浦まで連れていってくれました。このように一人前に扱われたのは初めてのことで、その豪勢さに気分が高揚しました。

しかし、舎監の仕事を見聞しているうちに、「ひどいところに入ったな」と内心心配になりました。寮生である若い女性労働者たちは四時四五分から一三時半の早番と一三時半から二二時一五分までの後番の二交代勤務、それに合わせて舎監の勤務時間も決まります。まずは四時に起床のベルを鳴らします。着替え・洗顔など支度をして工場に行く労働者たちを「行ってらっしゃーい」と見送り、その後各部屋を見てまわります。残留者（サボっている人）がいないのを確かめて朝の仕事は一段落です。七時頃工場でみんなと一緒に朝食を食べ、あとは寮生たちの思想動向・勤労意欲などを報告しあう舎監会議などの管理業務です。終日二四時間拘束ですが、寄宿舎の入り口にある舎監室（六畳）の奥で休むことができました。敷地内には交代制にあわせて高等学校に代わる学校があって、家事・裁縫・社会・国語などの教科の授業をすることもあります。

そこで見た情景に二二歳の私の心は大きく揺さぶられました。労働条件は労働基準法の最低限で、朝夕の一五分の時間延長は特例で許可されたもの、通勤者もいるとはいえ、多くが寮生で一〇代の若い女性たちです。長時間のきつい交代勤務のうえに、昭和初期に建った木造二階建ての寄宿舎の一部屋一五畳に一〇人が雑居、押入れは一人半間ずつ与えられ、そこに布団(貸与)・私物を入れるようになっているのですが、私的な空間はその前だけしかありません。お風呂は打ちっぱなしのコンクリートの湯舟にみんなが一斉に飛び込むので湯は膝までになり、二回目以降に入る人たちは汗だらけで臭い湯に身体を沈ませることになるという、まるで小学生の修学旅行のような毎日です。しかも外泊は許可制で、私的な生活など無視されているのです。寮生宛の文書には必ず目を通す、はがきは内容を読んでおく、そういったことも仕事の一つでした。

試用期間で解雇

そんななかで三週間たったある日、他の舎監たちが旅行に出かけた留守に同僚がうわさしていた「赤の本屋」にひとりでそっと出かけました。「赤の本屋」とは、共産党の機関紙『赤旗』なども販売する社会科学系のいわゆる民主書店でした。

文庫本を買って、インテリ風の本屋の主人に「今度、工場に新任できた舎監です」と自己紹介をすると、「お話ししませんか」と誘われ、嬉しくなって奥に上がりこんで工場のことなど話し始めました。夜にならないうちに帰ったのですが、翌朝、労務課から呼び出されて、「大阪の本社に行くように」と突然いわれました。すぐに支度をして出かけ、数時間かけて大阪本社の人事部長の前に出ると、優しそうな声で「あなたはこの工場に適していない、まだ試用期間中だから採用中止ということにして雇用関係はなかったことにします。嫁入り前の女性だから傷つかないように、円満にことを運びましょう。このことはいっさい口外しない。三週間の入社試験だと思ってくれればいいではないか」とあれこれいうのです。

最初は断ったのですが「あの工場にいても良心が苦しくなることばかりだから」とあっさり退職願に署名してしまいました。そのとき、「経歴にはならないのですね、履歴書には書かないでいいのですね」と再三念を押したのですが、後述するように、これは無駄でした。

真相を知らない私は、退職手当金をもらい、周囲の人たちに優しく見送られて、帰途、倉敷の父の実家に寄り道するなどしてのんきな顔をして帰宅しました。実家には、試験の結果待ちだった東洋紡績浜松工場から寄宿係採用通知がきていて、「浜松のほうが近くていい」と喜んで翌年二月に就職しました。

公安警察にマークされて

東洋紡浜松の工場は、帝人の工場より敷地内にある寮の建物も仕事内容も近代的に見えました。寄宿係兼付属学校の教師としての待遇で、会社の概要など研修を受け、工場内の各部署での作業実習もしました。

工場と寮生活に慣れ始めた三週間後のある朝、母から電話で「昨日、公安警察の人が近所に聞き込みにきた」と知らされ、びっくりした直後、労務課長から「前に他の工場に勤めたでしょう。それが履歴書に記載されていないから履歴詐称で解雇してもいいのですが、試用期間中だから採用停止にします」と通告されました。「東京からお母さんが迎えにくる手筈になっています。特急の乗車券も二人分用意してあります」と、否《いや》も応もなく荷物をまとめさせられ、その午後、迎えにきた母に引き渡されて強制的に追い出されました。これは紡績女子労働者を無理に帰すときに故郷から親たちを呼び寄せるという昔ながらのやり方で、親から自立している私まで同じように扱われた屈辱感と、問答なしの一方的な扱いをされたことが悔しくて、その場で泣いてしまいました。

あれだけ約束した帝人の人事部長は、公安警察や紡績協会、果ては労働組合の全国繊維労働組合連合会にまで「注意人物」として私の名を知らせたのでしょう。本当に驚き、公安警察の存在に「恐ろしい世の中だ」と身のすくむ思いでした。このことは証拠がないので人権擁護局に訴えることもできません。誰に話しても救済されようがなく、どこにも相談できないまま、私の背中には「共産党のオルガナイザー」という虚飾のレッテルが貼られました。ブラックリストに載って隠然と有名になっていたようで、そのことは次に世話されたデパートの「松屋」

ではっきりしました。

松屋は労働組合の書記職でしたが、会社の試験も受けてほしいといわれ、人事部長と面接し、採用が決まりました。その二〇日後、人事部長から呼び出されて「あなたは前に二つの工場に就職しましたね。そのことを履歴書に書かないのは困ります」といわれたので、「前の人事部長に『雇用関係はなかったことにする』『試用期間だから履歴書には書かなくてよい』といわれたからです」と答えたのですが、どうもこれは採用拒否通告だったようでした。ただはっきり解雇といわれたわけではなく、雇用が継続されたかどうか不安だったので、「もし継続できないならば、ほかの仕事を探したい」と組合長に相談しましたが、「大丈夫です」との答えでした。

しかし二年後、その労組から「雇用期間終了」の通告で解雇されたのです。このときばかりは「このまま泣き寝入りしたくない」と思い、他の大組織の労組書記組合に相談しました。その人たちの応援を得て、「人事部長から解雇通告も受けていないし、提出書類も返却されていないから、会社との雇用は継続している」として、地裁に身分保全の仮処分を求めて提訴しました。しかし、私側の証人はいないまま却下されました。民事で有名な千種達夫判事が担当でしたが、最後に「あなたのいうことはまったくの嘘だ」とはっきりいわれたときには、「裁判官がこのような言葉で原告を侮蔑してもよいのか」と驚き、その人柄を疑いました。屈辱感と情けない思いでひどく落ち込み、「黙って退職に応じればよかった」「裁判などしなければよかった」と思いました。五四（昭和二九）年、二五歳のときのことです。このことは機会があって一九五六年に刊行された平凡社編『現代残酷物語　別冊――ひき裂かれて』に書きました。

私が就職をした一九五一年は、二年前の四九年から始まった占領軍によるレッドパージで、共産党員およびその同調者が新聞・マスコミ・大企業から大量に追放され、解雇反対闘争が盛んでした。また四九年の夏には、国鉄総裁が轢死《れきし》した下山事件、電車が暴走した三鷹事件、列車が脱線し死亡者の出た松川事件などが起こり、社会運動が弾圧され、不穏な情勢の余波がつづいていました。

私の解雇事件で、松屋の労組は臨時大会を開くなど、大混乱をしました。書記とはいえ、事務所に座って雑用ぐらいしかできない私でしたが、このような人間を松屋の労組はよくぞ二年も雇っていてくれたと思いました。松屋事件は私のなかに重く沈んでいたのですが、八六歳の今、思い出しつつ考えると、人事部長に呼び出されたあと、もう一度人事部長を訪ね、はっきりと「試用期間中に採用取り消しになったのか」を確かめ、そうであれば労組の実情も勘案し、迷っていた転職（民主団体の仕事はいくつかありました）を決意するべきであった、と思います。それまでの就職で不本意な扱いを受けたので、公安警察に妨害されて何が何でも引き下がるものか、と提訴に踏み切ったのですが、別な方法で怒りをぶつけるべきであった、若くて気負いすぎていた、という反省の気持ちもあります。

社会変革をめざす人たちの仲間に

私は研究会などで女工哀史を知り、資本主義社会における労使の仕組みを学んだので、女性労働者が少しでも幸せになれるように力を貸そうとヒューマニズムに駆られて工場に入っただけなのに、誤解をまねくような行動から思想的なオルグとみなされて危険分子扱いされるようになってしまったのです。それは心外でした。

一九五一（昭和二六）年は朝鮮戦争下のレッドパージ直後の時期で、公安警察や経営者たちは、尾行・聞き込みなどをして活動家封じに熱心でした。私のような大学卒業したての女性が、工場に就職するのは思想的背景があるとにらんで追放しようとしたのでしょう。その後も私が友人の勤めている繊維工場を訪ねると、その友人はあとから「あの人は何をしにきたか」と労務課の担当者から尋ねられたそうで嫌になりました。闇の中を歩いているような気分で不安に駆られた日々、社会的に孤立した青春でした。

行く道は、多くの友人たちのように結婚して家庭に入り、おとなしく生きるか、選んだ道をさらに前に進むかの二者択一しかありません。私は、初志どおり公安警察などがマークしている「危険な思想」をもっと学び、貧しい人がなくなる社会、差別のない平等な理想の社会をつくっていく活動に参加することを考え、本当の活動家にならなければいけないと思いました。そう生きないと世の中に対して、とくにこれまでいろいろと指導してくださった先生方、相談にのってくれた労組書記、弁護士の先生などに対して、申しわけない気がしました。

また、その組織のなかに入らなければわが身は守れないとも思い、前々から誘われていた組織に加わることにしました。ところが、その申込書が、選挙違反容疑で、その組織の事務所が捜索されたときに警察の手に渡り、このことはすぐに知られてまたもや監視がきつくなりました。のちに結婚した夫の職場に、婚姻届提出一～二週間後、公安警察が総務部長に私のことを報告にきたというくらいでした。

以来、どこにいても誰かに監視されているつもりで、何かの口実で逮捕などされないように法律違反を絶対しないよう心がけています。また、わが家族を守るためには民主勢力の力を大きく強くしなければならない、と地域活動などに積極的に参加しました。

このように一度でも大企業で思想的に「危険人物」とマークされると、すべての他産業の人事部に知らされて、そのうえに公安警察はブラックリストに入れます。これは、当時の社会情勢が影響していた昔のことではなく、多くの例に見られるように、その後も今日にいたるまで同様のことがつづいています。思想信条の自由は憲法で保障されていても、今の日本では思想規制は暗に強化されています。二〇一四（平成二六）年に成立した特定秘密保護法はこのような人権無視の情報をさらに広げるでしょう。

父母の怒り

実家に帰ってからの私は、「針のむしろ」のうえに暮らしているような日々でした。学生時代、メーデーに行こうとした私を（初めて足蹴《あしげ》にして）阻止した保守的な父はいうことなし、とくに一九五二（昭和二七）年のメーデーの日（講和条約が発効した解放感から、参加者は以前集合していた皇居前広場に行進し、阻止する警察官に暴行された血のメーデー事件の日）は、家じゅう鍵をかけて出られないようにされてしまいました。やっと外に出ることができて、皇居前に駆けつけたときにはデモ隊が警官に襲われているところで、路面電車から降りることもできませんでした。あとで母は「あのとき止めてよかった」といっていました。

その後、母は感情的になって私の顔を見ると文句をいいます。ときには眠った寝床まできて怒ったり、「家族全部がおまえのおかげで迷惑している」となじったりします。母は、私が学生時代に研究会などに出席して、夕食の支度などしないで夜帰宅すると、店先にやってきてみんなの前で大きなご飯しゃもじを持って「手を使うとあとが痛いから」と泣きながら私のお尻を叩くのです。恥ずかしさと屈辱を感じました。その意気ごみは凄いもので、とうとう私を毎日お裁縫塾に通わせました。家を追い出したくてもそこが親だからでしょうか、結婚するまで置いてくれました。

コラム①

民科・婦人問題部会で出会った人たち

一九四九（昭和二四）年秋、東大婦人問題研究会の会員だった石田玲子さんから、発足したばかりの「民主主義科学者協会（民科）婦人問題研究会（のち部会）」に誘われ、行ってみました。その頃は三井禮子さんが中心になって『資本論』の第二巻の本源的蓄積の章を政治学者の信夫清三郎先生の解説を受けながら読書会をしていました。大学でのゼミでは得られなかったアカデミックな勉強の雰囲気に感動し、毎週のように通いました。永原和子さんや井手文子さんは熱心な会員で、そのユニークな生き方に刺激を受けました。

次に女性史研究者の帯刀貞代さんがチューターになり、参加者はそれぞれ研究テーマを与えられ、私は「新婦人協会」を調べることになりました。資料は帯刀さんのお宅に昔の『婦人公論』合本があるからそれを読んで報告せよということで、お宅に伺いました。その帯刀さんは、当時四〇代で和服を着た、びっくりするほど美しい方で、声は透きとおるようで、その優しさにすっかり魅了されてしまいました。

ちょうどその頃、帯刀さんは『婦人公論』に「昭和婦人解放史」を三回にわたって連載されていました。内容は帯刀さんご自身の生きてきた道についてで、東洋モスリン工場の近所で「女工」さんに裁縫を教えながら「資本と労働」の話をした「労働女塾」のこと、結婚した夫の暴力、思想犯で警察に捕まり、ひどい拷問を受けたことなどが描かれていました。それを読んですっかり感激して「私もあとにつづかなければ」と決意したほどでした。

「新婦人協会のこと」は『婦人公論』に平塚らいてうが連載で書いた内容をまとめてみました。何度も帯刀宅に通うなかで、拷問による後遺症で傷む身体で執筆などしながら生きるたいへんさをうかがい、応援すべくカンパ活動を始めてしまいました。二〇歳の私のロールモデルであり、以降ずっと私淑してきました。

同研究会はのちに部会となるのですが、そこで、女性史と女子労働グループに分かれ、前者は帯刀さん、後者には当時三〇代の嶋津千利世先生が責任者になりました。私は後者に入り、黒川俊雄先生による男女同一労働同一賃金の講義を受け、パンフにまとめました。

当時、生理休暇が労基法から除外される動きが出ていたので、その勉強や討論をして、原田二郎さんがパンフにまとめて、労働組合婦人部と一緒に「生理休暇を守ろう」という集会を開き、運動を広げました。

工場で働く女性も参加してその実情を話したり、近江絹糸の争議の応援をしてその状況を報告したり、現場に寄り添って、「働きやすくするには何をしたらよいか」を学び、話し合いました。働く条件をよくするための研究会として、それに関連した文献を読んだりしました。また有志は、嶋津先生を中心に自宅で毎月研究会を開きました。これがのちに女性労働問題研究会に発展していったのです（コラム②参照）。

民科の婦人問題部会はその後、三井禮子さんを中心に「婦人問題懇話会」（のちに同名の会ができたが、それとは無関係）となり、毎月お茶の水の雑誌記念会館の会議室を会場にして開かれ、四ページのニュースも発行しました。そのなかで、平塚らいてうさんにもお話を聞く機会をもちました。

三井禮子さんを中心としたこの会を出発点に、『近代日本女性のあゆみ』、『現代婦人運動史年表』づくりに参加した女性のなかから女性史研究者が生まれたのです。

コラム②

嶋津千利世先生と草創期の女性労働問題研究会

私の生きる支柱となってきた女性労働問題研究会（以下、研究会）は、嶋津千利世宅で研究会をしてきたので、当初「嶋津研究会」といわれていました。一九五一（昭和二六）年以来、ほぼ毎月集まって戦前からの女性労働に関する文献を探し、写し、報告し合いました。風早八十二の『日本社会政策史』や山川菊栄の『婦人労働運動小史』などの先行研究の文献を学んだり、女性労働者の歴史を調べて報告したりしました。私は日本で明治以来の紡績工場での争議や労働条件改善に関する事件を当時の新聞から手書きで写し取ってくる作業をしました。そうして、調べたり読んだりすることで多くを学びました。

このような課題を出して指導されるのは嶋津先生です。先生は一九一四（大正三）年茨城県生まれ（お父様は技術者で日立電気の要職にありました）、仙台市出身、帝国女子専門学校を卒業されました。戦時中、女子青年団関係の仕事などにもかかわり、女子青年が寒くてひどい職場で働いているのを見て、女性労働問題を意識したと聞いています。旧姓は丹野、姉二人、妹二人，弟二人（一人は学徒動員で戦死）の七人きょうだいでした。お母様は「女は結婚して家事だけしていればいいということはない」と積極的に進学・職業を推奨し協力されたそうです。

一九四九年、日本大学法文学部社会学科を卒業され、学生時代に嶋津猛氏と結婚（のちに離婚）、女性労働問題研究に打ち込んでおられました。五三年に岩波新書『女子労働者』を刊行、当時の紡績工場の女子労働者の実情を描き、話題になりました。女子栄養短大や白梅学園などの非常勤講師を経て、群馬大学教育学部専任講師に就任、七七年教授、八〇年退官されました。

その間、女性労働者たちの運動、たたかいを励まし、労働組合の婦人部などで講演、日本母親大会・はたらく婦人の中央集会・青年団協議会全国集会・日教組全国研究集会などで分科会助言者を務め、日本中を駆けめぐって講演・調査などをしました。社会政策学会が女性労働をテーマにしたときは報告を分担し、学会誌に執筆しています。

マルクス主義婦人解放論を研究され、七八年『婦人労働の理論』をまとめられました。そして、研究会として女性労働者の実態と問題などを何回も後述の編著に分担執筆の機会をつくってくださいました。

五〇年の頃は毎日曜日に先生宅に紡績工場などに働く女性たちが何人かきて、先生の助言を受けながら行動を起こす相談、そのための勉強、情報交換をしました。職場の悩みを訴える場所にもなりました。自分たちの職場と労働状況を調べて客観的に整理しよう、ということで参加者が絶えることなく女性労働問研究会が長くつづいたのです。

同じような問題意識をもった若い女性たちが集まる場所で、そこで元気を得て職場に戻りました。当時はまだ「女の幸せは結婚にある」という価値観が一般的で、働いて自立する生き方を選ぶ女性は稀少でした。私は毎月嶋津宅で会う女性たちと社会情勢など話し合うのが楽しみでした。

働きながら出産・子育てする会員もいて、私も結婚・出産後も休まず通いつづけ、よりどころとなる心強い研究会でした。嶋津先生が女性労働に関して論文や研究発表をされると、私まで嬉しく、ここで少しでもお役に立つことが喜びでした。

労組の役員や書記などの活動家が多く参加し、各自の職場の実情をまとめて問題点を突き止めると、先生はそれをみなで発表する場を紹介し、それがまとまると出版社で刊行しました。

私塾のようなこの会は三〇年近く無休で継続し、その都度、先生は他の約束をせず、群馬大学から戻り、お宅を提供してくださいました。毎月自宅の部屋に数名の客を迎えることはたいへんなことですが、一度も欠席せず一人でも必ずつづけた研究会のあり方からは多くを学びました。三〇年も調査や報告・論文執筆をしていると、周囲からは専門家に扱われるので、私たちはそれぞれに研鑽を積んで研究者をめざしました。また、嶋津先生は「労働者教育協会」が労働者が自分たちの権利を学ぶ大事な組織であり、重要な役割をもっているとして、最初からかかわり、私たちも会員になって学習会などの講師を務めました。

嶋津先生はエンゲルスの『家族、私有財産および国家の起源』を男女平等・女性解放の原典とされ、研究会で丁寧に読み合いました。さらに、詳しく学ぶために、一九七二年頃から、神楽坂の東京教育会館の一室を会場にして毎月一回、「古典研究会」を開きました。関心をもつ男女が熱心に参加し、その数年後からは、ご自宅を会場に提供してくださり、先生がご病気でお話しできなくなるまで二〇年以上つづきました。最初の頃は井上美代さんが毎回報告をしました。

嶋津先生がときどき共同執筆をされた原田二郎さんは日大からの同級生で、原田さんが五四歳で亡くなるまで研究のパートナーであり、喪主をされました。

研究会をよりどころにしておられ、私が熊本の私立大学に正規の教員として就職することに、嶋津先生はたいへん反対されました。三〇年余も近くにいた弟子（と自称）が遠方に行くのが淋しかったのかな、とも思いました。

この研究会では、女性労働研究者（故）川口和子さん（大学の一年下）や元総評書記局員の高橋菊江さん、母性保護運動史などを上梓された（故）桜井絹江さんは、一緒に歩き研究してきた大事な仲間で、のちに入会された（故）布施晶子さん、伊藤セツさんは新風を吹き込んでくれ、学ぶことが多くありました。

戦後から女子労働者とともに歩んでこられた先生とともに、戦後女性労働運動史をまとめたかったのですが、七〇年代末から徐々に体調を崩され、実現せず、二〇〇〇年一二月末に亡くなられました。

第Ⅱ部

＊

独立、結婚、新しい家庭

会費制結婚式　誓いの言葉を読み上げる宏子

第4章 対等平等の結婚・仕事・子育て

母となって（長女・明世 6カ月）

結婚を考える

独立して生活するだけの収入のない私は、情けない思いで家事を手伝いつつ仕事探しをしていました。戦後、簡単に木造で建てた家は、少し増築してもまだ狭くて、弟妹三人が成長するにつれ、今度は「早く出ていってくれないと目障《めざわ》りだ」というのが母の口ぐせになりました。

本当は結婚などせず、独立して暮らしたかったのですが、就職口もなく、その日暮らしのアルバイトの収入しか得られない私は、結婚する以外に生きる方法がなく、慎重に考えました。自分はたいした能力もないのだから、社会的に活躍しそうな人と結婚して相手に尽くし、内助の功で夫の成功を願う生き方もよいかもしれないとさんざん迷いました。

しかし、私の性格では家庭に入って黙って家事・育児に専念できるはずがありません。よく考えて、結婚相手は対等に付き合ってくれる人がいい、「女性も職業をもって自立する生き方」を認めてくれる人でなければ関係を持続できない、という結論にいたり、厳しい人生になるかもしれないけれど、仕事をつづける道を選びました。

前述した座談会で出会った編集者の橋本進とは、思想や生き方価値観が似ていて、友だちとして話すとまらなくなるくらい気が合いました。「女を従属させようとしない」彼は、女性と対等に話し、相手を大切に扱う、当時では稀《まれ》な男性でした。手紙の往復もして、政治や社会情勢など話し合っているうちに仲良くなり、「この人なら一緒に暮らしてもよい」と、結婚を意識するようになりました。周囲からどのように急がされても、家に縛られていた母や不幸だった叔母たちなど、夫に従属し、暴力で支配されるような女性の人生を身近に見てきたので、結婚については慎重になり、決して焦りませんでした。

その頃は一九五三（昭和二八）年の内灘《うちなだ》や富士の基地反対闘争が活発で、五〇年に結成された日本労働組合総評議会（総評）も社会的な活動を開始し、戦後日本の民主主義をどう国民のものにしていくかが盛んに論じられていました。

進は中央公論誌編集者で、記者としての活動に熱中していて超多忙でした。会う約束をしても三〇分以上待たされて、結局夜中になり、終電まで話しこむのでした。新聞・雑誌が大好きな私は、いろいろな話題をもってくる進と会うのが楽しみでした。

進と数年も付き合って結婚を決めたのですが、今から思うと、進は政治や社会情勢の話に夢中で、具体的にいつ結婚するか、どういう家庭をつくるかといったことは考えていないようでした。彼は家庭の事情で家を出ることができず、結婚のことを親にもいえず、早く家を出たい私は困り果てました。

進の実家は、父親が戦時中大手商社の子会社社長をしていたために、戦後の財閥解体で失職し、のちの事業もうまくいかず、進とその兄の給料で両親の生活を支えていたのです。「結婚して家を出る」といい出しにくい状況で、私にせっつかれてやっと話したところ、夫の両親は反対でしたが、家を出るなら仕送りをする、という条件で認めてくれました。

人前結婚、間借りの新居

私の両親は、きれいな花嫁衣裳で親戚などを招待する伝統的な結婚式を期待していましたが、私は「家と家の結びつきではなく、新憲法にあるように両性の合意のみに基づいた婚姻をするのだ」と、当時（一九五五・昭和三〇年）ではごく稀だった親族・友人たちの前で「誓いの言葉」を読む結婚式を主張し、進の両親にも認めてもらいました。

私は白いレースのワンピースを新調し、進は背広、参加者は平服で全員に祝辞をもらう様式で、友人たちが司会・進行などを取り仕切ってくれました。双方の親たちは式服や訪問着などを着て参加、叔母やきょうだい、いとこなど親戚もみな招待しました。友人の世話で如水会館のホールでサンドウィッチとお茶など三〇〇円の会費、不足分は二人の貯金で補い、親からの援助はいっさいしてもらいませんでした。

こうして一九五五年九月一一日に新しい自分の人生が始まりました。親から独立できてどんなに嬉しかったことか、「これからは全部自分で開拓する」との決意いっぱい、背水の陣を敷いた出発でした。

当時は住宅難時代で、あるお宅の倉庫を改造した離れが新居でした。板の間の六畳一部屋に炊事場と汲み取りトイレ、風呂なしでしたが、京王線の明大前駅から徒歩七分の足の便のいいところでした。

幸せいっぱい（ケーキカット）

お祝いの言葉に聴きいる２人
（右から３人目 嶋津千利世先生）

宣　誓

私たちは、今日、多くの抱負と決意をもって結婚します。今、みなさまの前に、二人の結婚を発表できることを心から喜び、感激にみちています。

私たちが初めて会ったのは、一九五一年のはじめ、朝鮮戦争のさなかでありました（中略）。

このような時代に生き、愛情を育てあってきた私たちは、（中略）今日結婚するにあたって、新しい時代を拓こうと願うものにふさわしいモラルに支えられた家庭をつくりあげたいと思っています。

男女平等の原則に貫かれ、相互に人格を認めあい援助しそして力を合わせて、平和と独立、民主主義のためにたたかってゆきたいと決意し、みなさまの前にお誓いいたします。

一九五五年九月十一日

橋本　　進
福島　宏子

結婚式に読み上げた「宣誓」の一部

夫は前述したように総合雑誌『中央公論』の編集者で、政治や社会問題担当でしたので、そういう話は合うのですが、それまでの日常生活は全部、専業主婦の優しい母親が面倒をみてくれていたので、家事には無関心でびっくりしました。

また、情勢に合った編集をするために突然編集会議が開かれたり、執筆者の都合で急に出かけなければならなくなったりで、私的な予定はいっさいあとまわし、新婚旅行で行った箱根も、翌年夏に夫を無理に引っ張っていった上高地も、編集会議が気になって目的地まで行けずに帰ってしまいました。その後の家族旅行もたいてい夫はキャンセルすることになり、母子で行きました。夕食など「今晩は遅くなるけれど、自宅で食べる」というので待っていると、夜中の一二時になることがつねでした。

休日は寝ているだけで、休暇を取ったこともなく、結婚して一緒に暮らす楽しみは無残に打ち砕かれました。どこに行くのも何をするのもひとりです。私は生後ずっとにぎやかな多勢の家族に囲まれて暮らしてきたので、昼間ひとりでいると何も手につかず淋しくて困りました。家事・雑事はもっぱら私がやるしかありません。対等平等の家庭づくりは夢になりそうでした。

仕事を探す

完全な経済的自立は無理でも、せめて自分の生活費くらいは稼ごう、と仕事探しを始めました。中学校の教員、公務員、新聞広告で見た主婦の友社など、手当たり次第に採用試験を受けましたが、みな第一次か書類審査で落ち、実力のないことを実感しました。

新聞に求職広告を出したところ、中小企業経営者のお宅の小学生の家庭教師を頼まれて、東中野に一年くらい通いました。

翌年（一九五六年）、世界経済研究所という、小さい民主的な研究所の事務員の職が見つかり、ごく少ない額でしたが、定期的に収入を得ることができるようになりました。

一方、民科の研究会で女子労働研究の中心だった嶋津千利世先生が繊維女子労働者の調査・研究を進めており、誘われてそのお手伝いをしたり、自宅で開かれる研究会に参加したりと、研究のほうもつづけました。

祖師谷住宅に移る

当時借りていた狭い離れでは子どもも産めないと思い、公的な住宅に何回も応募して一九五六（昭和三一）年九月、東京都住宅供給公社がつくった初の大団地、祖師谷住宅にやっと入居できました。祖師谷は小田急線で新宿まで乗り換えなしで行けますが、急行通過駅なので待ち時間が長く、当時は新宿まで三〇分もかかりました。また、駅前に商店が少しあるくらいでたいへん不便な場所だったので、辞退者が多く出て補欠当選したのです。

鉄筋四階建ての三階の端で、たったの三〇平方メートル、風呂場のなかのトイレつき、六畳の和室と同じ広さのリビングダイニング、トイレへの通路が炊事場所という狭さですが、引っ越したときは外国の「ホテル」に入ったような気分でした。腰掛けの水洗トイレは初めてでしたし、炊事しながら隣の食卓に料理を運ぶ便利さ、コンパクトな生活は、これまで日本家屋しか知らなかった私たちには新鮮でした。当時は住宅難でしたから、東京中から新婚夫婦が入居してきてほとんどが若い家庭、翌年は出産ラッシュで、活気に満ちていました。

保育所づくりで「ふじんのつどい」発足

私は「女性も経済的に自立して、夫に頼らずに生きていくべきだ」という考えだったのですが、当時は赤ちゃんから預かる保育所は皆無、女性は「仕事か結婚か、二者択一」といわれ、専門職であっても結婚か出産で退職するのが通例でした。教員などは住み込みのお手伝いさんを頼んでいました。出産後も働きつづけている先輩がごく少数しかいないのですから、仕事と子育て両立への道は自分で切り拓いていかなければなりません。

ただその数年前から共同での保育を試行する女性たちが出てきており、「働く母の会」（後述）が発足し、心強く思っていました。私より一年前に出産した友人の経験を参考に、妊娠中から団地内に保育所をつくる運動をしよう、と考えていました。「一〇〇〇戸も世帯があるのだから、どこかに同じ考えの人がいるはず」と友人、知人に知り合いを紹介してもらい、あちこち訪ね歩きました。産休に入った頃、その数名の人たちと団地事務所の管理人に相談に行き、

「保育所をつくりましょう」というビラをみんなで全戸に配りました。九カ月のお腹を抱えて四階まで配布するのはたいへんでしたが、「上の階、入れてあげましょう」と声をかけてくださる主婦もいてとても元気が出ました。

ビラで呼びかけた夜、集会所には男女合わせて数十人も集まってきて満杯となりました。保育所の話から始まったものの、団地居住に関する要望なども数多く出され、一気に盛り上がってしまいました。その夜は私の出産予定日で、最後に私宅に集まった人たちにあとを託す相談をしました。

団地自治会がなかったので、その代わりに「祖師谷住宅ふじんのつどい」（以下「つどい」）という名称に決め、世話人を棟ごとに選出してすぐに活動が始まりました。その夜のことは今思い出しても一人ひとりの顔が浮かび、興奮してくるほどです。それほど元気で活発な雰囲気でした。

集まった人たちは、団地の近くに商店もない不自由さ、幼稚園も満員で何とかしてほしい、保育園ではなく、幼稚園も兼ねた幼児施設がほしい、と活発でした。「つどい」は一カ月一〇円の会費、ニュースを毎月発行し、会員の声をまとめて代表が公社まで出向き、担当部長に団地生活で困っていることなどを要望しては、その回答を会員に知らせるといった活動をしていました。ときには部長に団地まで出張願って皆さんに説明してもらうこともありました。そのおかげで団地生活はかなり快適になっていきました。

保育所は、当面は主婦が個人的に預かる斡旋をして間に合わせ、当初の公社案内に子ども用の施設予定地とあった広場のことを取り上げて交渉しました。地域で名乗り出た退役教育関係者が、幼稚園と保育所を兼ねた「児童館」創設を公社に願い出て許可され、四カ月後の一九五八（昭和三三）年四月に開園しました。しかし、入園は一歳児からのみで、零歳児は健康管理が難しいのでどうしても責任がもてないということでした。

「つどい」で知り合った主婦たちは仲良くなり、離乳食を分け合ったり、美容院に行くときに子どもを預かり合ったり、育児について本を読み合ったりしました。そしてある育児書を執筆した先生を呼んで直接お話が聞きたい、ということになり、お茶の水女子大学の平井信義教授に講師をお願いしたところ、お引き受けくださり、育児相談のような講演会を何回も開きました。育児について「あれがいい」「こうしたほうがいい」といった情報交換は、母親同士で盛んに行っていましたが、それを先生がまとめて方向づけをしてくださるので、みんなの考えが一緒になって、子どもを介しての付き合いが円滑になり、近隣でとてもいい関係がつくられました。子ども服など不要品交換も兼ねてバザーを開催し、収益もあげました。

ほかにも心理学者の乾孝先生など、多くの有名な専門家を講師でお呼びすることができました。バザーの収益と会費だけで運営していてどこからも補助金なし、ですから謝礼はわずかだったにもかかわらず、このような団地での講演会がまだめずらしかったからでしょうか、たくさんの専門家がボランティア同然で、郊外の駅から歩いて一〇分かかる集会所まで講演にきてくださったのには感謝です。価値観が違う人同士が、いっきょに一〇〇〇戸も集まって生活するのですから、ゆき違うとトラブルになります。専門家に力をお借りしたそのおかげで、団地生活はスムーズで快適、楽しい近所付き合いが生まれました。

安保条約反対デモに参加

「つどい」には一〇二〇戸中約半数の世帯が加入、毎月ニュースを発行し、手分けして配り、一〇円の会費集めもスムーズにできて活発な活動をしていました。一九六〇（昭和三五）年になると、新安保条約批准問題で世相が騒がしくなってきました。「つどい」でも学習しよう、ということになり、隣の成城にお住いの鶴見和子さんにお話ししていただきました。すると自民党区会議員が出てきて意見をいうので、鶴見さんと大論争になり、参加者は盛り上がりました。安保反対のデモにも数名が参加、昼・夜に国会まで行ったり、町内で労働科学研究所の組合が主になってのデモに私たちも加わって歩いたり、たいへん活発でした。

みな、戦争の被害者だったので、「子どもたちに平和を残したい」という思いがいっぱいでした。私は二歳半の長女を連れて何回もデモに参加しました。『朝日』『毎日』などの新聞の紙代が値上がりしたので、地域の生協と一緒に「値上げ反対不払い運動」もしました。また、六一年春、小児マヒが流行し始めたとき、あるお母さんの発案で「小児マヒ生ワクチン」を早く投与してください、という署名運動を始め、区議会に提出しました。

私たちが入居した五六年は住宅公団の団地一号が建設されたのと同時期で、この活動はすべて初体験で、あとから考えると「よくやったなあ」と「つどい」参加者はみな感動しています。それで記録に残そうと、二五年後に有志が集まり数年がかりで『団地一九六〇年代』（東京女性財団助成　自費出版）にまとめました。

人生最大の喜び——出産

一九五七（昭和三二）年一二月四日未明、渋谷の日赤産院で三日がかりで女児を産みました。お世話になった長橋千代先生は戦前からの活動家で、志して中年から女医になった方で、母性保護について啓蒙的な活動をされていました。また呼吸式の無痛分娩を実施していたので楽にお産ができると期待しましたが、残念ながらまったくの無痛とはいかず、長引く陣痛をひとりで三日も耐えました。まわりで長橋先生をはじめ、助産婦さんや看護婦さんが一緒に呼吸法のかけ声をかけてくれ、やっと産まれたときは心底ほっとしました。そのときの時計の針が一時二五分だったことをはっきりと覚えています。

「人生でもっとも嬉しかったことは?」と聞かれたら、私は迷うことなく「子どもが産まれたとき」と答えられるほどわが子の誕生に感激し、涙がとめどなく出てきました。「これまで灰色だった人生がばら色に変わったのよ」というくらい、赤ちゃんは私に「幸せ」を与えてくれました。一つの命をこの世に送り出すことができた達成感でしょうか、本当に幸福でした。

夫の母が病院で付き添い、産後二一日まで団地のわが家に泊まって世話をしてくれました。

橋本進の両親と宏子（前列）と甥･姉･兄（後列）（1960 年頃）

予定日を一〇日ほど過ぎていたので、三七五〇グラムもある丸々とした元気な子で、「明るい世の中を創る子になって」という期待をこめて「明世《あきよ》」と名づけました。

初めての育児との格闘はどの母親も同じです。母乳の出が悪いのにミルクを飲まないと心配し、便の色を見ては不安になります。夜泣きもたいへんでした。でも日々成長する赤子を見ていつも元気づけられました。

子どもを預ける悩み

産休を三カ月とって、仕事に出るのに預け先がないことがいちばんの不安でした。まずは近所の主婦に預かってもらう算段をつけて復職しました。早朝から大騒ぎして支度し、赤子を抱いてミルクとおむつを持参して同じ団地の別棟のお宅に伺います。帰宅後すぐに迎えにいくのですが、その主婦から昼間の「つどい」での出来事をいろいろ話され、また、子どもを預けて働くことへの批判まで出てきて困りました。その人には三カ月で断られてしまい、なんとか別の人を見つけたものの、二カ月後、その人の夫の転勤ということで、また新しい人を探さなければならなくなりました。

最後に団地外の子どものいない主婦が私宅にきて面倒をみてくれることになりました。一歳になれば児童館で保育してくれるのですが、一歳になる前の一〇カ月間に三、四回も保育者が代わることになってしまいました。子どもができなくて子育てしたことのないその主婦は、それなりに悩みを抱えていたのだと思いますが、赤ん坊が泣くとつねったりたたいたりするので、親としては「預けたくない」人でした。その頃は「働くことは私のわがままかしら」と娘に申しわけなく思う気持ちと、「でも頑張らなければ」という思いの間を行きつ戻りつしていました。

夫は徹夜仕事をするほど多忙で、その代わり残業代が収入になるので、私が辞めて自分で面倒をみるという選択肢もなくはなかったのですが、最初の「働きつづける」という決意を思い起こし、子どもへの罪悪感やまわりの批判には目をつぶって働きつづけました。親が自分の人生を十分に生きることは、のちの子どもの独立にとってもいいことだ、乳幼児だからかわいそうだけれどもがまんして強く育ってほしい、といつも迷いながら思うのでした。母親の権利主張のために子の（母親に育てられる）権利を犠牲にする、と周囲の主婦や保育者までが私たちを批判しつづけました。この考えは社会的にも多数を占め、私への支持や共感をもってくれる人たちはほとんどなく、私と同じ、「働く母親たち」だけが頼りでした。

とくに一九五三（昭和二八）年に発足の「働く母の会」は、私のような信念の持ち主の集まりで専門職が多く、毎月の例会で「働く母の子育て」「集団保育と子どもの発達」など、働く母同士がそれを支援してくれる専門家の力を借りながら交流をする場となっていました。近隣・親戚から四面楚歌のなか、子どもに対する負い目を感じつつ、東京を中心に教員・編集者・新聞記者・公務員など、自立を志向する女性たちが集まるこの「働く母の会」の存在がどれだけ心強かったか、私にとって千万の味方でした。この会の活動については、働く母の会編『働きつつ育てつつ』(ドメス出版　一九九〇年)、『働いて輝いて』(同　二〇〇五年)にまとめられています。

保育時間が短い「児童館」

長い一年が過ぎてやっと「児童館」に入れたものの、今度は保育時間が短くて、働く時間プラス通勤時間の一〇時間は「子どもに負担になる」「児童福祉に反する」として受け入れてもらえず、非常に困りました。三歳以上児の母親は働いている人がいないので、三歳未満児一二名の保護者会を開き、館長にみんなでお願いしました。忘れもしない伊勢湾台風の上陸した夜でしたが、みな夜中でも帰らず、ＯＫの返事が出るまで頑張り、とうとう夕方だけ別の保育者を頼んで一九時まで（朝は七時から住み込みの職員）預かってもらえるようになりました。昼の給食とおむつの洗濯などもパートを依頼して実施してくれることになり、みなほっとしました。その後、近所に産休明けから預かる無認可保育所（のちに保育室）や小児科医院ができて「共働きしやすい団地」と、都内で有名になるほど保育条件が整ってきました。

地域に公立保育所を——次女出産

当時（一九六〇年）、世田谷には公立保育所が数カ所しかありませんでした。私の住んでいた祖師谷大蔵地域では、下北沢保育園が祖師谷に古い公民館を借りて分園を開き、三〇名前後の幼児を保育していました。その保育園が古くて危険なので閉園することになり、これまで利用してきた父母たちが存続運動を始めました。主に商店と都営住宅の人たちでしたが、私も一緒に「公立保育所を」と署名運動をしました。区議会や都の当局に陳情・請願の二〇〇〇筆近い署名をもって数名のお母さんと行ったのですが、まだ陳情運動など少なくて議員さんは署名簿を見てびっくりしていました。その経験を通して、こういう活動は大事だと感じました。

公立保育所づくり運動は地域で広がり、商店や公営住宅の人たちとも仲良く活動し、何回もみんなで区や都に陳情をつづけました。二年がかりで近所の空き地を区が購入し、六〇名定員（三歳未満児一二名）の砧《きぬた》保育園が新設されました。その間、一九六一（昭和三六）年三月に次女が生まれ、その子が一歳になった直後の一九六二年四月、砧保育園が開園したので熱心に福祉事務所に足を運んだ結果、やっと入園が許可されてほっとしました。

次女には、進の大叔父、大山郁夫の一字をもらって、郁世《いくよ》と名づけました。郁《かお》る世を、との願いをこめました。

その保育園も開園すると保育時間などでトラブルつづきでした。これまで内職や商店の子が主だったので、保育時間は九時から一六時まででよかったのですが、教員・公務員の保護者は朝七時過ぎから一八時近くまでの保育を希望します。ところが職員は八時間勤務なので、それ以上は預かれないといわれ、怒った保護者が福祉事務所に怒鳴り込んで退園するケースもありました。

児童福祉法で保育所の規定が定められても、最低

次女・郁世の小学校入学式（1967 年 4 月）

の人員しか予算化されていなかったため、昼間の短時間保育だけで手いっぱいの状況でした。それでも保母さんたちは代替要員もおらず、病気でも出勤せざるを得なかったため、退職する人が続出し、平均勤務年数は二、三年でした。行政当局は、保育所を貧しい家庭の育児援助程度にしか考えておらず、働く女性の子どもを預かるという考えはなかったのでした。

保育園の保護者会活動

入所した保育園の親同士で園長と話し合う場を設けて「父母の会」を発足させましたが、そこで話されることは祖師谷児童館のように責任者の一存で決められることではなく、行政当局に交渉し、予算化をしなければ解決しないことばかりで気が遠くなるほどたいへんな課題でした。よその保育所はどうしているのか、交流したり一緒に活動しなければ前に進まないので、区内保育所の父母に呼びかけて世田谷区保育所協議会をつくったり、他の区、東京全部の保護者たちとまとまらなければ、となって、いつの間にか私は毎晩保育所運動のために電車に乗って会合に出かける羽目になり、わが子の夜の預け先に苦労することになりました。あちこちの会合に出て同じお仲間を探したのです。

この運動は私のいちばん元気な大事な時代の大部分を占めてしまい、この「保育所運動の歴史をまとめておかないと」と後日、大学教員になり、『女性労働と保育』（ドメス出版一九九二年）と『戦後保育所づくり運動史』（ひとなる書房　二〇〇六年）を上梓しました。

このように過去を振り返って書くと簡単ですが、家事を背負いつつ、仕事と子育てと地域活動の両立は、のろまの私にとっては失敗することが多く出て、嫌になるほどつらい日々でした。

学童保育所づくり運動

砧保育園父母の会の会合で最初に出たのは、「保育園はできたけれど小学校に上がったら放課後が困る」と、今度は学童保育所を区に要望しよう、ということで、これには園長も賛成で、さっそく署名運動を始めました。

団地では「つどい」の会員に協力してもらい、商店街から地域の自治会など広範囲に署名を集めて、千数百筆をもって区当局に「お願い」に行きました。担当の課長は「学童保育ってどのようなものですか、まだ聞いたこともありません、おそらく無理でしょう」とあっけない返事です。

最初は、さし迫った二人を小学校の近所の個人宅で放課後の面倒をみてくれるようお願いしていました。それも一九六四（昭和三九）年四月になると、私の娘も含めて新入学する子どもも出てきて数名に増えました。そうなると家屋が傷んだり、私生活が侵害されたりで大騒ぎになり、そこの主婦は泣かんばかりに熱心に訴えました。一年生になったわが家の長女は、私の帰りが遅れると団地入り口の階段で泣いていて、近隣の家庭でお世話になっていました。毎日あちこちお願いするのがおおごとでした。入学式後はみんなで区長のところに陳情に行きました。

長女・明世／次女・郁世の七五三
（1964 年 11 月）

昼間仕事をもっている母親は内職を休んだり、休暇をとって行くのでたいへんなことでしたが、みな何回も議員や区長に面会しに出かけました。当時、都内で学童保育は渋谷区と杉並区に公立が各一カ所、あとは北区・板橋区に自主的な地域活動で実施しているのが数カ所あったきりでした。二年間、折あるごとに何人かで区長に「お願い」に行き、三年目にやっと革新的な議員の提案で議会にかけられるまでになり、厚生委員会付託になったので、そのときはみなで手分けして全部の厚生委員の議員宅に出勤前の早朝とか、帰宅時の夕方などに出かけて、直接訴えました。

一九六四年一〇月に世田谷区で初めて祖師谷小学校内（七坪の物置）に、私たちで探して紹介した指導員二名で開所したのですが、そのときは当事者の子どもまで大喜びでした。約二〇年後には区内小学校全域で五〇カ所以上実施されている学童保育も、最初はこのような住民運動で始まりました。

仕事と家庭の悩み

長女出生後、それまで勤めていた世界経済研究所の事務に復帰したものの、一〇カ月後研究所が経済的都合で解散することになり、計三年勤続で失業しました。

女性労働研究への情熱は大学院進学へと向かい、知人だった法政大学経済学部の宇佐美誠次郎先生に相談すると、「ゼミと聴講にいらっしゃい」と誘っていただきました。実際に参加してみて、子育てしながら論文を書くのはたいへんだと思い、大学院ではなく、社会政策とゼミなど三科目を聴講することにしました。一九五九（昭和三四）年に聴講生になり、その後約二年通いました。聴講した授業のなかでアメリカのマルクス経済学者、ポール・スイージーの『社会主義』を読んだのですが、社会主義の論点をわかりやすく整理してあり、非常に新鮮に感じました。ゼミは『資本論』の賃金の部分で、これも勉強になりました。

法政大学　花原二郎ゼミ（1961 年）

３歳の長女と零歳の次女を連れて
ゼミ合宿に参加（1961 年頃）

その間、安保闘争が展開され、私も子連れで国会に何回も行きましたが、先生たちもそのデモに参加されるので休講が多くなり、せっかくの向学心が阻害されて残念でした。その後、次女が生まれ、前述のように地域に公立保育所も開設されましたが、入所するには私が職に就いている必要がありました。

前述した「研究会」は毎月数名で開催されていましたが、その中心の嶋津千利世先生が群馬大学の専任教員になられ、それまで非常勤講師だった白梅学園短期大学を誰かに譲りたいといわれていたので、「ほかにいなかったらやらせてほしい」とお願いしました。「社会学」の授業でしたが、最初は先生の代講ということで講義をし、二年目からそれまで書いたいくつかの論文が認められ非常勤講師になりました。発表した論文はみな嶋津先生が依頼されたのを私にまわしてくださって書いたものばかり、講演なども勉強しながら行きました。

次女誕生後の一九六一年度の後期（九月から翌年三月まで）は昼間の第一部と夜の第二部でそれぞれ一講座、六二年度の前期は昼一講座、後期は夜一講座を担当しました。週一、二回の講義のために、社会学を一生懸命勉強しました。また、雑誌などの啓蒙的な評論も執筆し、勤労者のための中央労働学院（夜間）の講師や、労働組合婦人部・社会教育・労政事務所などが開催する「女性の地位向上」「女性の権利」をテーマとする学習会の講師も務めました。平日はもちろん、休日も夜まで駆けまわり、多忙をきわめる日々がつづきました。

プロとしてこの職業を成り立たせるには、何でも断らないで引き受けることが原則です。しかも相手の要望を満たす努力が欠かせません。執筆・学習会チューター・講演も重複しないかぎり引き受けたのですが、それは夜か休日が多いので、二人の乳幼児の預け先に困りました。地元の主婦やパート家政婦さんのほか、同じ団地で子どもの友人宅など数軒の個人と家庭に、そのお宅の都合に合わせて預かってもらいました。夜学（後期なので冬）は帰宅が一一時近くになり、その方が就寝しているところを起きていただき、寝た子を抱いて帰りました。

いつも頼んでいた、子のいない主婦の場合、二歳の次女が「帰りたい」と泣くので「それなら自分で勝手に」と子どもだけで帰されてしまったことがありました。五歳の長女が次女の手を引いて、車が走る一〇分の道を歩いて帰る途中に出会ったときは、「こんな仕事のしかたは間違っているのかしら」「私は自分勝手なのかしら」と涙の出る思いで情けなくなりました。しかし、継続しなければ仕事は成り立ちません。

このように預かってくれる人や保育園からも「子どもがかわいそう」といわれることが多く、母親としてもそう思うようなことが多々あり、そのたびに辞めたくなります。ですから、なおさら病気のときにも親切に預かってくれる優しい主婦には感謝がたえませんでした。

そうこうしながらも悩みは実力のなさ、能力・体力双方の不足です。私は家事も育児も仕事も研究もすべてが半人前だ、と恥ずかしくなるのでした。

社会変革をめざす活動としての選挙応援

仕事をつづけるためになくてはならない保育所を、働く女性全体の問題として数多くつくることは私の悲願になりました。

当時の保守政権は、創設された自衛隊などの費用を優先して、社会保障費を減らし、保育所は今から見ると驚くほどの低予算で危機的状況でした。公立保育所は都内で一〇〇カ所ほどしかなく、朝九時から午後四時までの短時間保育のみ、保育者の数も三歳未満児六人に一人、三歳以上児は三〇人に一人配置されているだけで、休暇等の代替要員などなく、六〇人定員の保育所で保育者は園長含めてたった五人でした（現在はパートも入れて約二〇人以上）。

まさに救貧対策で、内職か自営業の人しか考慮していないのです。定員が少ないので入所自体が困難で、正規雇用の母親は朝・夕の時間を誰かに依頼するしかありませんでした。産休明けの零歳児は「母親がみるべきで児童福祉に反する」といって入所措置をしません。

保育者の給与も低いので仕事は永続できず、病気になって退職する人も少なくありませんでした。

保育料は毎年値上げされて保護者の不満も高まっていきました。保育者の待遇改善や保育時間の延長など陳情に行くと、自治体だけでなく、国家予算が大きく影響していることがわかりました。陳情は区から都・国へと広がり、それも一保育所だけでは相手にしてくれないので、区内と都内で保育所保護者会が横の連絡を取り合い、みんなで何回も省庁に出かけました。

陳情に行った際、保守系の男性議員に「あなた方は夫婦で楽しんだ結果できた子どもを公的に面倒みろというのですか、勝手です」と卑猥《ひわい》なことをいわれてびっくりしたこともあります。

陳情に行く父母たちが横につながろう、ということで、東京保育問題連絡会をつくり、私は代表にされてしまいました。その活動のなかで、この会で『働く婦人と保育所』（労働旬報社　一九六九年）を刊行し、私は編者となり、これは飛ぶように売れました。

また行政当局に保育所不足を訴えに行ったときは、「六四年のオリンピック開催に予算をま

祖師ケ谷のわが家の前で（1974年）

わすので、保育所に充《あ》てることはできません」といわれました。保育・教育予算はオリンピックの犠牲にされたのです。

私たちの保育所を増やす活動を理解し、地域で熱心に応援してくれるのが共産党の議員でした。そこで、その数を増やすことが大事だということで選挙の支援に参加しました。

地域はもちろん、都議選、都知事選、国政の選挙にも革新勢力を伸ばす必要から、好きではない、恥ずかしくて嫌な応援演説もして、素朴な要求の声を張り上げました。繁華街の渋谷・新宿などで政党の宣伝カーの上から通行人に呼びかけるのはたいへん勇気がいりました。

一九六七（昭和四二）年の都知事選では保育関係者が集まって「明るい革新都政をつくる保育の会」が作られたのですが、そこに私も名を連ねることになりました。初の革新知事美濃部亮吉氏が勝利したときの喜びはたとえようもありません。希望のある未来がかぎりなく開かれていく感じでした。そしてこれまで要望してきたこと――無認可保育所援助、保育所の増設、保育者の増員と待遇改善、保育時間の延長、零歳児保育・完全給食の実施、保育料の据え置き等々――はみなかなえられ、預けやすく働きやすい保育所になりました。わが子はもう小学生で間に合いませんでしたが、働きつづけることができて、経済的に独立できる女性が増える、つまり女性解放の社会的条件が一歩前進した嬉しさでいっぱいでした。

この運動は全国の先駆けになりました。それまではわが子が生まれ、成長するたびに保育所や学童保育所をみんなで自治体に交渉しなければならなかったのが、次女は何もしないで学童保育所に入所できることになり、ほっとしました。

その頃はまだ女性で選挙応援する人が少なかったので、私は地方選挙の応援も依頼されて出かけました。七二年の参議院選挙ではＮＨＫテレビの文化人の政党応援討論会への出演を共産党から依頼されました。私は文化人としての業績もないので遠慮したかったのですが、ほかに女性で公然と応援できる人がいなかったのか、とやむをえず覚悟して承諾しました。一生懸命に発言・主張したことがよかったようで好評でした。しかし、以来立場がはっきりしたことで、講演依頼などは範囲がせばまりました。

地域では経済的に苦しかったり、体力がなかったりといった人たちも、共産党の機関紙である『赤旗』の配達や集金をして一生懸命活動していました。そのほか選挙活動も活発で、手伝いを頼まれると分担せざるを得ませんでした。けれども私は運動神経が鈍いので、ゆっくり走る自転車でほかの人の二倍の時間をかけて早朝に配達したりしました。雨でずぶぬれになったり、雪で横滑りして転び、自転車を引いて歩いたりとものすごく苦労しました。こうした経験があるので、全国的な社会変革をめざす人たちの頑張りにはただただ感服するばかりでした。

小学生の子どもを抱えて、超多忙な夫は当てにできず、家事と仕事と活動の両立は難しすぎて、この生活はすっかり私を鬱《うつ》状態に追い込みました。私は社会主義社会をめざしていましたから、その理念をもって生きるには地域から実践しなければ、という思いで選挙活動やＰＴＡ、生協・女性団体などの活動に積極的に参加したのですが、短大の講義、講演や執筆のほか、家事・育児はひとりでこなさなければならず、時間と体力不足でどうしてよいかわからないほどに苦しみ、悩みました。私の人生のなかでいちばんつらい時期でした。

第5章 初めて経済的に自立

世界女性会議（左　村越洋子さん　右　宏子　ナイロビ・1985年）

子育て・仕事・活動を両立させる難しさ

一九六〇年代は所得倍増論が現実化して経済は高度成長を遂げ、企業は活性化し仕事も多く活気に満ちていました。一方、郷里の親世代はまだ年金などの生活保障がなく、子どもが仕送りなどしなければならない状況でした。持ち家政策なども進められていたので、子世代は家族のために寝食分離・親子別寝室の家を購入、多額のローンを抱えることになり、苦しい生活でした。そのため働きに出る主婦が増え、それに伴って保育所運動も活発化しました。

私は保育問題専門家として、働きながらの子育てや保育所づくりの活動についての講演や執筆依頼が多くあり、各地の母親大会などへも出かけて忙しい日々でした。

一九六四（昭和三九）年に祖師谷団地から徒歩五分ほど離れた分譲地に建てた家に引っ越しました。その家の二階六畳が空いていたので、七〇年頃からひとり暮らしの中高年女性に住み込んでもらって食事と掃除をお願いしました。しっかりした女性で、家事全般たいへん助かり、小学生の子どもたちは安心して帰宅できました。

家事は一息ついたものの、今度は執筆と講演、また、日頃から社会活動参加を勧めてきた手前、ＰＴＡなどの役員は逃れられず、地域活動にも出かけます。いちばん困ったのは論文などの執筆で、落ちついて勉強したり考えたりする時間がなく、もともと切り替えが下手な性格なので、活動の余韻が残ると机の前に座ることができません。

フリーで収入を確保するには、一、二年に一冊の著書、ときには話題になるような評論が必要です。それができないと専門家として暮らしていけません。テーマはあるのですが、原稿を書くことができず、悩み苦しみました。そういうことができるのは特殊な才能の持ち主だけ、凡才がどんなに努力しても焦ってもできない、そう悟るまで一〇年以上かかりました。それまでは何とか両立させようと、自らに鞭打って努力しつつ、つらい毎日を送りました。できない、とわかったときの絶望感はすさまじく、散らかった部屋を見ながら「家事も子育てもだめ、著書も書けない。すべてが半端な自分は生きていてもしようがない」などと投げやりになることもありました。

千駄ヶ谷への移転はそのような気分を換えるためでした。引っ越して間もなく近所の個人立保育園園長の役をいただき、引っ越しと建て替えと法人化をめざして毎日必死で取り組みました。公的な機関へ通い、法人設立・園舎新築の補助金など複雑な手続きをつづけましたが、残念なことに、建設予定地の前にあるボクシングジムから暴力沙汰を伴うような反対にあって、着工したものの頓挫《とんざ》し、私は手を引きました。八二年のことです。

大きな挫折で、精神的にまいってしまい、休養のため半月も信州をひとりで歩きました。草津・富山・飛騨高山・平湯温泉・西穂高、そして憧れの上高地を歩き、穂高連峰を眺めて自然のすばらしさに感動してかなり癒されました。

あれこれ悩んでいる間にも子どもたちは高校生、大学生になりました。子どもが成人するまでは親としての責任が四六時中伴いますが、育ってしまうと驚くほど手が空きます。さあ、こんどこそ仕事があればどこにでも行こう、と意気ごみました。

五五歳で初めて正規雇用

一九八五（昭和六〇）年のナイロビ会議で、「日本の女性労働者の現状」を世界のフェミニストたちに知ってもらいたい、研究会（女性労働問題研究会）として参加し、ワークショップも開こうとNGO主宰団体に申し込みました。会員の布施晶子さんが英文で報告書を作成し報告することになり、アフリカ専門の旅行社にツアーを組んでもらいました。最低一五名の参加者が必要で知人友人に声をかけ、浅倉むつ子、早川紀代、折井美耶子、村越洋子さんたちが参加してくださり、また、他の大学婦人協会グループから山下泰子、今井けいさんたちも同行することになり、多才な女性研究者のみなさんと同行できました。来栖琴子夫妻に加えて私の夫・進も参加しました。

会議での収穫は多々あり、ワークショップも無事終了、数日会議に出席したり、席を設けて現地の女性たちの暮らしを聞く機会をもちました。その後アフリカのサバンナで、自然のなかで動物たちを見、一夫多妻のマサイ族を訪ね、エジプトなどを観光し、じつに有益な旅行を実施することができました。後日、各参加者の報告と「将来戦略」全文を合わせて出版。（婦人研究グループ編『世界女性「将来戦略」と私たち』草の根出版会）。

前述の園長経験を生かさない手はない、と思っていたところ、東大教育学部の求人掲示板に「園長経験者」の教員募集を見つけ、大学教員に応募してみよう、と自信がつきました。大学関係の知人・友人に電話をかけて依頼し、どこかで出会ったときにはその希望を伝えました。

ある地方在住の知人から熊本の私立大学で児童福祉と女性福祉担当教員を公募していると紹介され応募すると、ぜひきてほしいと誘われました。どこでもいいから就職したいと希望しつつ、暑さに弱い体質から北海道など北の地方を望んでいたのが、暑い熊本なので散々迷いました。しかし、よく考えると「五五歳の女性を雇ってくれるとは感謝のほかない」と勇気をもって単身で赴任してみました。夫は「誰にでもできることではないから」と勧めてくれました。

就職した熊本学園には商科大学と短期大学が併設されていました。校舎は一緒に使い、運営については教授会が最高の議決機関で、大学選出理事・学長・役職は全部選挙で決める、教員の待遇は公務員に準じた等級で一万円上乗せ、男女差なく、年齢・勤続給で身分は平等、事務教務・校務分掌も全員で分担するという民主的な組織運営がなされていました。

最初はあまりに議論が沸騰する教授会運営に驚きましたが、「民主的運営は時間がかかるもの」と肝に銘じ、じっと我慢して耐えました。

毎週帰京するにしても部屋を確保しなければ、と最初はアパート、一年後は近所に新築された単身赴任専用マンションの七階（三〇平米）に移り、阿蘇外輪山を遠くに眺めながら暮らしました。航空機で往復しましたが、慣れるにしたがって隔週の土・日に帰京、東京の自宅の家事・雑事を片づけ、次の週末は熊本で過ごし近隣を歩く、

大学の共同研究で天草へ調査旅行（中列右　1986 年）

熊本学園大学の職員と一緒に
（宮崎県の山小屋の前で　右から７人目　宏子　1995 年）

熊本学園大学の職員と（前列右端　宏子　1994 年）

という生活になりました。任地では外食中心で、大学研究室が書斎となり夜中まで仕事と勉強ができる、という女性としては気楽な良い暮らしでしたが、よく考えると単身赴任でも男性とは逆の暮らし方で、ジェンダーギャップを感じました。

任地のマンションは大学から徒歩五分の近い場所なので構内同様です。研究室は広くて資料を広げて勉強できるし、学食・図書館は構内にあって便利、静かで守衛さんがしっかり管理していてくれるから安心して集中できます。おかげで論文も書けるようになり、数年後には著書も大学が費用を一部負担してくれて刊行できました。近いので遅刻など絶対しないで、講義の五分前には教壇にいる、という私としては理想的な生活ができました。

いちばん意にかなったのは「経済的独立」です。学卒時からずっとそれを願いつづけてきたのに、非常勤講師とフリー業で多少の収入はあるものの身分保障がなく、夫の定収入に依存する不安定な立場であり、中途半端な気分でした。今度は社会保険とともに一人前の給与と賞与が支給されるので、これまで不可能だった不動産購入のローンを組むこともできます。社会人として独立したことは何よりも嬉しいこと、自分のお金で何でも買えるということは気分的に安定し、満足感でいっぱいでした。

研究者として自立

これまで趣味のように思われていた研究が職業となり、参考書などの図書代、学会出張費、コピーや事務器機などすべて支給されて研究しやすくなりました。「研究者」として独立できたことも自信となり、読書と研究が進みます。学生への講義・ゼミ指導など、若い人相手に後進を育てる楽しさも喜びもあります。私にとって得がたいすばらしい生活でした。

短大に就職して、「戦前における『職業婦人』問題についての一考察――婦人福祉の視点から」を同大付属社会福祉研究所の『所報』に発表、次いで、「保育の社会化と母子相互作用の研究」「生活『社会化』における家庭管理論と社会福祉論の接点」「天草の社会・経済構造の変化と女性・子どもの生活」(共同調査で研究叢書『天草』に発表)などを執筆しました。

また、北川隆吉先生の推薦で、『社会福祉士養成講座　社会学』(中央法規出版　一九九九年)のなかの「運動・ネットワーク」、同社発行の講座『現代社会の看護』第三巻に「看護・介護運動」と「医療・看護関係の年表」をまとめ、研究の幅が広がりました。

事務の人たちとも仲良くなり、休日に車で阿蘇や天草・宮崎などへお伴させてくれました。

地元の人たちとの交流は江戸っ子の私にとって地方の異文化を知るよい機会となり、いつも目を見張ることばかりで、生きる世界が広がったように思えました。

単身赴任でノイローゼになる、と周囲から注意されていましたが、子育てが終わり、家庭の心配なく女ひとりで遠くに住み働くことは、とても自由でのびのびしていいものです。

三年くらいのつもりが、短大が四年制大学になり、大学院も設立されてそこでの講義担当の許可が下り、一五年も在任する羽目になりました。最後の年は研究室を明け渡すための準備、図書の整理、東京のわが家への引っ越し支度などでたいへんでした。

同僚の女性教員の発案で、学内で最終講義の機会も与えられ、お別れの懇親会も用意してくれました。その日は主役となり、たくさんの花束に囲まれ、わが人生の華という思いをさせてもらいました。そこにはこれまで熊本で付き合ってきた新日本婦人の会の人たちにもきてもらい、日頃付き合いのない男性教員や学部長から、「こんなにたくさんの地元の人たちと付き合っていたのですねー」と感心されました。この思い出は「もう結構」というほどの満足感と「十分生きた」という幸福感を私にもたらしてくれました。

コラム①

スポーツを生活に取り入れる

子育てが一段落した頃、テニスやスキーなど若い頃に「やってみたいなあ」と思っていたスポーツを始めてみました。昔は指導者がいないとできなかったようなスポーツを、講習会や有料での教習所ができてきたので、興味にまかせてあちこちに通いました。テニスでは、軽井沢合宿に家族全部で参加し、青空に向かってラケットを振る心地よさをしっかりと味わいましたが、一〇年やってもラリーもつづかないほどの運動神経でした。

スキーは個人レッスンを何回も受けて、やっと八方尾根の上から道を滑って降りることができるようになり、年末年始は志賀高原で、遠く北アルプスを眺めつつコーチについて夫と一緒に滑るという過ごし方をするようになりました。透明な空気と山の景色に見とれ、「快適な気分を味わえて幸せ」と感動したものです。これも、昔はな

夫・進とスキーを楽しむ（1978年）

軽井沢合宿テニス
（後列右から長女・明世、宏子、１人おいて
次女・郁世　1979年）

かったゴンドラやリフトがどこにでもできて、登るのが簡単になったおかげです。私の若い頃は自分の足で登るしかなかったのですが、今は足が弱くても二時間で頂上まで行って二〇分で滑り降りてこられるので、何回でも往復し練習できます。靴や板とともに改善が進み、しっかり足を固定してくれるので、五〇歳からでも十分滑れるのです。

しかし、五〇代で膝が悪くなり、プルークボーゲンしかできない私はテニスとともにスキーをあきらめ、五十肩の治療でやってみた水泳を本格的にやろうと、プール通いを始めました。温水プールが普及して冬でも泳げますし、手・足・腰が浮力で自由に動かせるのでよい運動になります。身体が痛くなるとプールです。大学の隣にトリムクラブができて大学は会員なので、低額で利用でき、毎週通いました。東京でも近所によいプールがあります。

あとは散歩もよくしました。熊本では日曜日になると江津湖か立田山へ出かけ、さわやかな空気を呼吸しました。東京では明治神宮の森林浴です。

運動神経が鈍いので、とくにスポーツは心がけてきましたが、それは単身赴任のストレスを解消し、高齢の身体によかったようです。

コラム②

家を建てる

本が部屋を占領、一戸建てに

わが家は夫が出版社勤務だったこともあり、結婚当初から雑誌数種類・週刊誌・新聞・新刊書など、夫の分と私の分両方合わせて山のような書籍と書類に囲まれて暮らしていました。壁いっぱいに棚をつくり、さらに足元にまで積んでいるので、子どもたちは本の間で遊んだり寝たりするしかありません。引っ越したくても、この団地（祖師谷）でないと保育所などの関係で共働きができません。一九六〇（昭和三五）年、近所に書庫を建てようと土地探しを始めました。結局、前年畑地が宅地として分譲された五〇坪の土地を、高値で、しかも建築基準一割地域という悪条件を承知で購入し、二階建て一〇坪の家を新築しました。

当時はまだ企業の住宅融資制度がなかったので、土地代は一部を父に借り、住宅金融公庫で少額融資を受けただけで、金策に苦労しました。高度成長期で土地代は毎年二倍に値上がりし、わが家の土地も前年の売り出し価格の二倍で購入したのです。そのあとに転居した家はもっと高額になっていましたから、ローン地獄は深刻でした。

一階を書庫にし、二階を若夫婦に貸しました。団地から歩いて五分のところでしたが、書庫としてはほとんど活用できていませんでした。本はさらに増加しつづけ、三年後の一九六四年、やむなく団地を引き払い、増築したこの家に引っ越すことにしました。団地は住みやすかったのでとても残念でした。

本のために鉄筋住宅へ

広い家に移っても書籍は増える一方です。木造では本の重みで床が沈んで枠組みがゆるみ、地震などのときは倒壊の恐れがあります。困り果てた挙句、本を思い切って処分するにはさらなる移転が必要と、一九七八（昭和五三）年にまた引っ越しを考え始めました。

新聞広告で千駄ヶ谷駅から三分という物件を見つけました。現地を見に行くと、そこは狭い私道の奥にあり、訳ありの中古物件でした。しかし、それまでは駅から一三分もかかっていたので、足の便のよさに引かれ、しかも知人から紹介された不動産業者に相談にのってもらったところ、祖師谷の自宅を売った金額で購入できそうだったので、思い切って決断しました。「自家用車をもたないですむ」「図書館が利用できる」という利便を考慮しての思い切った住み替えでした。

公的資金から銀行まで融資を受けて、中古の家屋を壊し、鉄筋三階建ての事務所兼住宅を建てる計画でした。しかし、一・八メートルの狭い私道の両側にあった六軒の家のうち、わが家の隣で私道の入り口にあった家が私宅の三階建て建設に大反対で工事を停止させられました。近隣の人が呼んだ区会議員が仲介役となり、最初は合計二五〇万円の迷惑料をと提案されましたが、それはわが家にはとても払える金額ではなかったので、何度も話し合って「高さを八〇センチ低くする」「西北の屋上を斜めに削る」「ベランダを撤去」などの条件で、なんとか建てさせてもらいました。

建物を低く抑えるために一階の床を地面から一五センチにしてしまったので、雨がつづくと水が床に上がってきます。そのたびに何回もいろいろと工事をしましたが、完全な防水はできません。天井も低く、後年、周囲がみな三階建てとなって、わが家より高くなってしまい、「あのとき、借金して迷惑料を払ってでも当初どおりに建てておけばよかった」と、私は見通しの甘さを悔いました。

増築して長女と同居

千駄ヶ谷は足の便がよくて家族は便利に暮らしました。私の発想で一階を知り合いの出張画商に「画廊」として借りてもらいました。

一九八五（昭和六〇）年に私が単身赴任になり、次女も結婚することになったので、ひとりになってしまう夫のために、長女が出産を機に家族ぐるみで同居すると申し出てくれました。ありがたいことですが、部屋が足りず、一九九二（平成四）年、増築をしてやっと実現しました。しかし、せっかくの耐震耐火の鉄筋住宅でしたが、木造で増築したため、「いつまで保つか」という不安な建物に変わってしまいました。

一階を貸していた画廊は、けっこう繁盛して家賃も少しずつ上がり、楽しい思いもしたのですが、「長女一家と同居するので、いずれは立ち退いてほしい」とお願いしたところ、借家権保障の訴訟を起こされ、困りました。その後、バブルが終わり不景気になって画廊はあっという間に退去しました。

私が定年後、東京に引き上げる折、その跡を手入れして書斎として利用しています。長女一家は近所の中古マンションに移り、広い家に私たち夫婦二人で暮らす贅沢を味わいつつ、増築はちょっと失敗だったかなあ、とも思っています。

でも、無一文から出発して便利な地に家を建て、本を必要なだけ買い込んで暮らせるのは恵まれている老後です。いつも思うのですが、「書籍・資料」の置き場に追いかけられて無理して家を新築したり、「重い本で床が抜けたら心配」と鉄筋に住み替えたりしたおかげで、世間より一歩早くまだ低額だった土地を購入したので、このように便利な場所の広い家に暮らせるようになったのです。「本が大事」という二人の価値観がよかったのかなあ、と思います。この家の将来を考えると心配ですが、死んだらすべて消えていいのだ、とも納得しています。

第6章 楽しい定年

世界高齢者大会（前列左から４人目 宏子　マドリッド　2002年）

定年でフリータイム

二〇〇〇（平成一二）年三月三一日、熊本学園大学の研究室と借りていた単身専用マンションから、荷物を引っ越しのコンテナに積み込んで、熊本をあとにしました。

四月六日、七一歳の誕生日は、私がすべてから解放された記念日です。何かしなければならない、という呪縛《じゅばく》から解き放たれて、頭のてっぺんの蓋《ふた》が取れて無限に自由が広がっていくような気分でした。これまで幼い頃から勉強や仕事で「時間を無駄に使ってはいけない」と追いかけられて暮らしてきたように思います。これからは年金が生活の基礎になり、「働かなくていい暮らし」が待っているわけです。思わず「自由だ！　嬉しい！」と叫んでしまいました。

東京に引き上げるにあたって、千駄ヶ谷の自宅を住みやすく改造し、一階の事務所にコクヨの四列九面のスライド式書棚を設置し、書斎と応接室にしました。「さあ、これから私の人生でもっとも自由な時間が始まるぞ」と第三の出発に意気揚々でした。

まず女性労働問題研究会のサブ研究会でつづけてきた戦後女性労働運動史年表を、二年がかりで一九七五（昭和五〇）年度分まで完成させました。次に「女性高齢者問題」を当事者として研究し、社会福祉学会の女性福祉分科会で発表、全国老人福祉問題研究会の研究集会のシンポで報告しました。

二〇〇二年四月にスペインのマドリッドで開催される国連主催の「第二回世界高齢者会議」に合わせてNGO集会も開催されることになり、そのなかの日本高齢者NGO会議から「ワークショップを開くので、日本の女性高齢者問題を担当してほしい」と要請されました。さっそく準備して報告をまとめ、次女の郁世が英文に訳し、同行して通訳をしてくれました。

女性高齢者の年金が少ないこと、貧困の高齢女性化など、私の報告を聞いた参加者から「初めて知った」という感想が寄せられ、新日本出版社から著作の依頼がきました。これまで共著以外の単著はみなこちらからの「持ち込み」で刊行してきたので、初めて依頼された単著刊行でした。それまでは原稿を書くのが遅くて苦労しましたが、パソコンを活用できるようになって早くまとめられるようになりました。

さっそく準備をしてこれまでにまとめた原稿を加え、二カ月で書き上げた『老いてはつらつ』（新日本出版社）は、二〇〇四年九月に上梓されました。それは七〇〇〇部くらい普及されましたが、印税はほとんど贈呈用の本代に消えました。若いときからエッセイ集を書きたいと切望し、依頼もありましたが結局は書けず、七五歳になって思いがかなってとても嬉しかったです。

ライフワークの完成をめざして

私は五〇代から「日本の保育所づくり運動の歴史」をまとめたくて資料を集めてきました。大学に就職したのもこの課題を実現することが第一の目標で、広い研究室に資料をもちこんで整理を開始しました。しかし、講義の準備と学生指導、大学運営などの仕事があり、本題はなかなか進みません。

一九九二（平成四）年に一年間、母校日本女子大学に国内留学する機会を得て、その間にそれまでの論文をまとめた『女性労働と保育』（ドメス出版）を刊行することができました。九六年には講義用のテキストとして、『女性福祉を学ぶ』（ミネルヴァ書房）を刊行し、社会運動についての論文をまとめたりしました。

そして、定年退職後五年目にやっと本題に取りかかることができました。自宅で膨大な資料を読み込み、整理したのち、その夏に大学の退職金で中軽井沢の鶴溜《つるだまり》に築四〇年の古い別荘を入手、そこに荷物と資料を運びこんで執筆に取りかかりました。

広い和室一部屋に資料を広げたまま毎晩レジュメどおりに調べ、書き、まとめます。夜が明ける頃まで書き、昼まで眠り午後は散歩・食事の支度といった生活を二カ月つづけ、なんとかまとめることができました。

ライフワークの集大成、『戦後保育所づくり運動史――「ポストの数ほど保育所を」の時代』は、幸い熊本学園大学の社会福祉研究所の出版物として二〇〇六年七月に刊行され、さらにひとなる書房から発行されました。

『戦後保育所づくり運動史』出版記念会
（右　木村康子さん）

発行日にはともに運動した友人の木村康子さん（元日本母親大会代表）、和田章子さん（元足立区教職員組合役員）が出版記念会を開いてくれました。お二人は一緒に東京保育問題連絡会を作って活動した仲間です。前掲の『女性福祉を学ぶ』を刊行したときも東京教育会館で、夫・二人の娘・孫までおおぜいの人を招待して、盛大な出版祝賀会を開き、祝って励ましてくれた大事な友人です。

今度は新宿・小田急一三階の二〇人の小部屋しかとれなかったので、親しい友人中心の会でしたが、このように友人たちが集まってくださることはたいへんありがたいことで、「私の人生はこれで完結」と思えるほどの感慨にひたりました。

本書は、社会福祉学会誌で書評に取り上げられ、反論の場も用意され、これにも大変感激しました。

退職したとき、三冊の研究書の執筆を予定していました。その第一が「保育所づくり」、次は「女性福祉論」でしたが、これは比較福祉国家論など国際的な視野で論じたいのに私の語学力では多数の原書を読破することができないので断念、第三は「女性労働運動史」ですが、あまり要望されていないので、せっかく苦労してまとめても次世代は関心なく無駄になるのではないかと思いました。資料はあちこちに現存しており、新しい世代の研究者が新しい視野で、多角的に論じればいいと、これも諦めました。

ですから、今はすべての仕事を終えた気分で、これからは若い次世代に役立つことをしようと思うにいたりました。そこで最新の情報を知るべく女性図書館と書店に行き、女性問題・ジェンダーに関する新刊書を読む努力をしてきました。新しい学術的シンポや年二回の社会政策学会には必ず参加して勉強をつづけています。

七五歳からの社会活動

現在は、社会参加しなければという思いで、国際婦人年連絡会の家族・福祉委員会に所属し、その分野の課題に対する政策や研究・論文などを調べ、要望書を作成し、政府当局に提出するという活動に参加しています。

老人福祉問題研究会の機関誌『ゆたかなくらし』の編集委員をして、高齢者からの発信を心がけています。また、認知症高齢者のための「グループホームさくら」を開所したさくら福祉会の理事も、準備会以来十年余務めました。

今まで参加できなかった日本女子大学の同窓会活動などにも出席してみました。同窓の友はとても優しく、同窓のよさを見直しました。楽しい集まりでした。

これまで芝居など見る暇もなかったのですが、最近は歌舞伎と新劇（文学座・こまつ座）で伝統芸術・現代演劇を味わっています。音楽は、すべてがオペラに凝縮されているように思うので、よくオペラを観劇に行きます。

海外旅行も今は研究のためではなく、観光で行くことができるようになりました。旅行社のツアーに参加して、観光場所から荷物や交通手段の時間などすべておまかせのらくらく旅行を何回か体験しました。スイスは夏の気温が快適なので、一カ月の滞在を計画し、ツェルマットとグリンデルヴァルドのアパートで自炊をしたのですが、その年はあいにく一〇〇年に一度というほどの酷暑で、大陸は紫外線が強くて三四度にもなると外出できません。避暑のつもりで毎年行こうと計画したのですが、こういう災難もあるということがわかりとりやめました。

八〇歳からは近所の社会教育館の事業で二カ月間の詩吟講習に参加しました。また、介護予防の文化教室では毎月、手品・ちぎり絵・パッチワーク・絵画・唱歌・脳トレなど幼稚園のように優しく丁寧に指導され、楽し

国際婦人年連絡会 家族・福祉委員会のみなさまと
（左から６人目 座長・清水澄子さん、その右 宏子 2010 年）

いひとときを過ごしました。ボール体操・ヨガ・太極拳などにも参加しましたが、六〇代のみなさんについていけず、今は代々木病院友の会主催の超高齢者向け「ころばん体操」に参加しています。また、誤嚥《ごえん》予防のために個人レッスンで声楽を二年習い、みんなで歌うなかに入れるようになりました。

人生でもっとも自由な時間がもてるようになり、これまでできなかったことを中心にあれこれ体験してきましたが、今、やりたいことは社会政策・比較福祉国家論・ジェンダー・貧困などについての研究成果を学んでしっかり今の情勢をつかむことです。そして次代を生きる人たちの手助けをしたいと思っています。

コラム

子どものこと　働きつづけた誇り

放りっぱなしの子育て

私が三〇代で子育て真っ最中の頃、「そんなに仕事がしたいなら結婚したり子どもを産んだりしなければよかったのに」と、周囲の人たち、とくに近隣の主婦たちからよくいわれました。もう五〇年も過ぎて、働きつつ子育てすることが当たり前になった昨今でも、まだ友人たちはそういいます。「両方やりたいのは人間として当然のことなのよ」と話しますが、専業主婦で生きてきた友人は納得しません。あの子育ての頃の冷たい視線に毎日苦しんでいた昔を思い出し、改めて「よくぞ頑張ったなあ」と思います。二人の子どもたちもさぞたいへんだったことでしょう。

長女は一九六四（昭和三九）年小学校入学、その秋一一月、新設運動の末にやっと開所した世田谷区初の学童保育所に大喜びで入所しました。同級生に「授業が終わっても学童室に行って校庭で遊べるのよ。入れるのは共働き家庭の子だけなんだから」と自慢したそうです。とても嬉しいことでした。

ただ、この時期は私が勉学途中で、「労働組合婦人部の意義」「女性の生き方」「女性解放とは」「働く女性と保育所」など、依頼されたテーマで調べ物をしたり原稿を書いたりと非常に多忙だったうえ、理論を実践するためにPTAなどの役員を引き受け、生活協同組合の評議員や婦人団体など、社会活動にも積極的に参加していたので、本当に暇なしでした。子どもとの会話は少なく、勉強など見てやる時間もとれず、成績など気にしないでいました。お姉さんのような家庭教師にきてもらうなど、あれこれ試みたのですが、いっこうに効き目がなく、でも、本人は「うるさくない親でよかった」といいつつ、友だちと仲よく遊んで元気に登校していました。

義務教育の中学校は近所の公立に進学しましたが、高校入試では困りました。入学させてくれる高校を探していたところ、担任の先生が「今、閉校反対でたたかっている私学が生徒を募集している」と教えてくれたので、さっそく申し込んで入学できました。そこは理事長が借金の債務で校舎・敷地を売り払い閉校宣言したのに、教員組合が閉鎖反対闘争をして、残された三階建て六教室の校舎で自主的に授業していました。生徒は減ってしまい、全校で数十名になっていて、先生たちは長女を喜んで受け入れてくれました。大東学園高校です。

よその講堂を借りて執り行われた全校生徒参加の入学式に臨んだときは親子ともに感激し、進学の喜びに浸りました。ところが式の最中に在校生は奇声をあげ、私語がつづき、驚くことばかりです。保護者会に出席した親たちは、さっそく学校に協力を申し出て、私はＰＴＡの副会長になってしまいました。

教室はたった四部屋、道路でボール投げ遊び、多摩川の河原まで走ってそこで体育の授業、家庭科は廊下に調理台などを置いて実習を行い、地理・理科など教材の必要な科目は一部屋にまとまっています。生徒が少ないので各学年一クラス、これが高校か、と思うような場所でした。でも、先生たちは学校・職場を愛して継続を実行する情熱に燃えた方々であり、一生懸命ですばらしく元気でした。そして、生徒一人ひとりを大切に面倒を見てくれました。「先生の手伝いに通いましょうか」と申し出る人も現れるなど、保護者も一生懸命応援をしました。

長女は昔風の制服がいやだ、といいましたが、逆に他の有名高校から（落ちこぼれて）転校してくる友人たちの話を聞いては自校のよさを感じていたようです。また、非行が多いのでその内情もわかっていて、非常に醒《さ》めていました。そして二年生になったとき大学に進学する、といい出しました。

友人と一緒に英語・数学などの教科の個別指導を受けるために家庭教師や塾を探し出して熱心に通い出しました。ちょっと勉強するとすぐに成績が上がり、校長をはじめ先生たちがみんなで支援してくれて、推薦入試で無事志望大学に入学できました。試験とレポート提出時だけ父親に見てもらったほかは、「いつ勉強しているのかな」と思うほどのんき気に通学し、四年で無事卒業しました。

子どもの独立を願う

長女は新卒でも就職口がなく、リクルート雑誌で見つけたアパレル産業の小さい会社に入社しましたが、労働基準法など無視で夜中も休日も仕事です。私たち親は心配しつづけ、転職を勧めましたが、「周囲の人が一、二カ月で退職していくのに私まで辞めたら会社が気の毒だ」と聞き入れず、律儀に出勤します。数年間勤続したのち、自分から「夜中まで働くのでは結婚もできない」と退社を決意しました。社長は慰留したものの退職理由は残業の多さだというと、「退社時間は変えられないからやむを得ない」と認めてくれ、無事退職できました。

その後、職安で紹介された保険代理店に二、三年勤めましたが、人間関係で退職、私が以前から勧めていた放送局の短期アルバイトに就きました。契約期間終了後、その放送局と取引のあった会社に就職し、引きつづき同じ放送局に派遣社員として働くようになりました。三〇歳のときです。

私は、家から出て「独立してほしい」と再三いいつづけました。やっとその気になったようで、居酒屋で居合わせた男性と大学が同じということで意気投合し、婚約しました。私は「まず同棲して様子を見ること」を勧めました。ちょうど彼の名前で申し込んであった公団住宅が当選したので、一九八九年五月の連休に家族でホテルの「お祝い膳」を囲み新居に送り出しました。長女三一歳のときでした。母親が仕事をもっていたことで、違和感がなかったのか、共働きが当たり前の結婚でした。九月に会費制の結婚パーティーを開き、たくさんの親族・友人たちに祝福されて新家庭を出発させました。

三年後の一九九二（平成四）年、三四歳のときに女児が誕生しました。当時、男女雇用機会均等法が施行されて六年後でしたが、出産後も働きつづける女性はわずかでした。しかし、長女は当たり前のように産休を申請しました。その職場では初のケースだったようですが、「時代の趨勢ですね」と許可してくれたそうです。産前・産後約五カ月の休暇を取って職場に復帰しました。

長女一家は、最初公団住宅に住んだのですが、先述したように孫の誕生後、次女も結婚で転出し、私も単身赴任となったため、夫ひとりになった実家に同居してくれることになりました。わが家は通勤に便利な地域にあり、保育所も近くにあったので、にぎやかな三世代の家庭生活が始まりました。孫は三カ月から無認可保育園に入園、一歳からは民主的な私立保育園に転園しました。

娘の仕事選び

長女は今も同じ職場で働きつづけています。私は以前、夫が勤務する出版社に行ったり電話したりしたとき、受付の女性が声だけで名前を覚えていたり、社内の動向をいつも掌握して適切な応対をしているのを見て「こういう仕事はやりがいがあって楽しいだろうな」と思っていたので、前から長女にそういう仕事を勧めていました。彼女は会社から派遣されたその職場（放送局）で、いつも雑用万端何でも引き受けるので重宝がられて五〇歳を過ぎても同じ部署で職を得ています。はたから見ていても、世界、日本の情報がいち早く入り、人の出入りも多くて刺激があり、楽しい職場だろうなと思います。

私たち夫婦は、わが子の育ち盛りは多忙でろくに面倒も見なかったので、生後すぐの赤ん坊と付き合うことができて楽しく、幸せでした。その子はよく食べて、毎日大きく成長する感じで、老夫婦はどれだけ励まされ、生きがいを感じたかわかりません。

地方大学勤務であった私は二週ごとに帰宅し休暇時も在宅するので、家事・炊事と孫の相手をします。夫も一緒に遊んだり、散歩したり、保育園に迎えにいったりで、二度も子育てしたような感じでした。保育園の敬老会や小学校の入学式・運動会などの行事には祖父母は必ず参加し、わが子でできなかったことをみな実行しました。

その私立保育園は、子ども中心で他の父母たちや保母さんと仲良く、とてもよい保育をしてくれ、そこに入園できた孫を囲んで親子は一緒に大きく成長したようです。

私が退職後、長女一家は近所の中古マンションに引っ越して近居になりました。

語学に励んで、四四歳で出産した次女のこと

次女は文学部の大学生時代にトロントに語学留学を実行しましたが、一年遅れの卒業後、デパートの特定社員（年俸制）で就職し、英語など活用して店頭に立って働きました。三年後、レコード会社にアルバイトとして転職しました。英語ができるので重宝がられましたが、正社員が帰ったあとも、時差の関係で諸外国から注文書などのファックスやメールがきて、その翻訳と整理の仕事をし、帰宅はいつも夜中でした。

会社はいつまでもアルバイトで働かせるつもりだったようですが、本人は正規のポ

ジションを求めて転職を希望しました。私の勧めで職安に行き、やっと正社員としてアメリカ系損害保険会社に正社員として就職しました。その外資系損保は残業がほとんどないという好労働環境でした。三〇歳で結婚し、アフターファイブには通訳学校に通うなどして英語力にみがきをかけ、四〇歳のときに高給与を提示されたドイツ系損保に転職を果たしました。

四〇歳過ぎてから「子どもを産む」といい出したので、親の私たちはびっくりし、「実現するかしら」と心配していましたが、治療が成功し、四四歳で無事男児を出産しました。彼女も産休と短期の育児休業を取り、零歳から保育園に預けて職を継続していました。しかし、この会社は残業が常態化していて、次女は保育のために定時退社をするので賃金カットされ、さらには、他職員と同等の残業をするように強く求められ勤続不可能となり、五〇歳で退職しました。

日本女子大学で開講されている大卒女性対象の再就職教育コースに通い、再雇用をめざしています。この家族も二駅先のマンションに住んでいるのですが、孫は夜間にときどき預かって遊ばせました。私たちが高齢で男児を預かるのは無理と知ってベビーシッターを頼んでくれ、一緒に面倒を見ました。

私の希望は働きつづけること

　自分の子どもたちの幼少期にあまり面倒を見ることができなかった負い目はいつもありますが、私が七一歳で定年退職したあとは、やり残した研究や著作に熱中しつつも、近居の孫たちの食事は専業主婦並みにしっかり作って食べさせました。共働きの娘への応援の気持ちと、野菜中心の伝統食を伝えたい、そして、健康に育ってほしいという思いからです。長女の家のほうの孫は祖母の私が作った食事をいつも美味しいといってよく食べて日々成長しました。幼少期から中学まではみるみる大きくなっていくので頼もしく、こちらまで食欲が出て食べさせがいがありました。

　また、小学一年生からの夏休みは私たち祖父母が面倒をみました。私たちが海外旅行に行くときは近所の友人たちに依頼したようですが、国内に出かけるときは一緒に連れて行きました。孫連れはちょっと負担でもありましたが、楽しいことも多々ありました。高齢になって孫が近くにいる暮らしは、自分の子育て期と違って気持ちに余裕があるので、成長発達をゆっくり見ることができてたいへん楽しい日々でした。

　わが子たちは、最初は自分流で就職したものの転職を繰り返して、やっと親の勧めを受け入れて永続できる職を得て結婚しました。二人とも親が手をかけないでも何とか自分の道を探し出し、三〇歳前後に真の自立への道を歩き出したようです。そんなこんなで娘たちの幼少期の淋しさは解消できたかな、と期待しています。

また、娘たちが二人とも、働く女性として結婚・出産後も子どもを保育園に預けて働きつづけてきたことは、女性の歴史を一歩前進させてくれたようで嬉しく誇りに思っています。

終章　来し方を振り返って

世界女性会議、NGO 分科会場にて
（左から山下泰子さん、橋本進、浅倉むつ子さん、宏子　北京・1995 年）

一八歳で新憲法と出合う

私の幼少期、つまり戦前の日本では、「男は仕事、女は家事・育児」という性役割がはっきり分かれていました。女性は一人前に扱われず、中等教育以上は原則男女別学でした。女子教育では裁縫・家事が重視され、女子専門学校はごく少数しかありませんでした。高等学校、国立大学への進学はほぼ不可能でしたし、私立大学でも女性はごく稀な存在でした。女子医学専門学校を卒業して医師になるか、各県にある女子師範学校を出て小学校教員、あるいは全国に二カ所ある女子高等師範学校を出て女学校教師になるくらいしか専門的な職業に就くことはできませんでした。女性弁護士もいることはいましたが、本当に数えるほどしかいませんでした。

長子相続制で女性は親の遺産相続もできないので、一生独身で職業をつづけるか、結婚して家庭に入るかしかなく、結婚すれば妻・嫁としての我慢が強いられました。

私は周囲の女性たちを見て、もっと自己主張できる生き方をしたい、と願っていました。戦後一八歳のときに新憲法が施行されて、主権在民・男女平等など目の覚めるような文言に希望が見えてきました。戦前に女性解放を求めた平塚らいてうや市川房枝をはじめ、多くの女性たちは、女性参政権や教育・結婚・相続・労働などの男女平等をどれほど切望していたことでしょう。それを考えると、この宝物を磨いて自分のものにしなければ申しわけない、と思うのでした。

しかし、法はできたものの現実は昔のままです。私は新憲法を自分たちのものにしていく活動をしなければならない、それには実践することだ、と決意しました。以降、そう生きるなかで、どのような困難があってもこの決意を思い出し、戦前の女性たちに比べればたいした苦労ではないと耐え、切り拓くことができました。

一九四九（昭和二四）年に婦人問題研究に目覚めてから社会科学を学びました。男女平等と貧困対策を実現するには、労働者の待遇をよくし、資本家の儲け過ぎによる低賃金をなくすこと、そのための社会政策が必要であり、さらに労働者が団結して階級闘争を進めることが最大の課題だということを知りました。その第一歩として繊維工場に入ったのですが、簡単に挫折し、ひとりの力の弱さを実感しました。みんなの力を合わせて組織的に一緒に運動しなければ社会をよくすることなどできないと思い知ったのです。本気で社会変革をめざす組織に入り、活動家として生きる選択をしました。

働く女性を支えたい

企業で働く女性になれなかったことはとても残念でしたが、その代わり、働く女性を支援する活動をしよう、と地域の保育所づくり運動や職場の学習会などに参加しました。女子労働問題研究を志し、一九五〇（昭和二五）年から私的に始まった嶋津千利世先生のお宅での研究会でもさまざまなことを勉強しました。ここに集まった女性たちはほぼ同年齢で、みな労働組合書記・出版社勤務などの働く女性で熱意があり、研究・調査の共同作業はそれぞれの研究の基礎になりました。私の二〇代から五〇代まではこの研究会が生きる拠点となりました。

私が担当した調査の一つが紡績工場での抵抗運動についてです。東京大学明治文庫に通って明治初年からの新聞を読み、工女たちの抵抗運動がいつ始まったのかを調べました。工場創業の明治初期には工女不足で、引き抜きや奪い合いが多発し、現場監督が横暴で集団欠勤したといった争議が起きていました。争議にまでは発展しなくても、工女たちは元気に抵抗し、労働条件向上を要求していたことがわかりました。

一八八二（明治一五）年に寄宿制度が始まります。農山村地域から少女を連れてきて工場敷地内に造った寄宿舎に囲い込み、外部と接触させない労働形態が普及します。貧困な農山村地域では親に前借金を渡して、一二、一三歳の娘を阪神・京浜地帯の繊維工場に連れてくるという募集人制度は、日本の地主制度・「家」制度と結びついて広がっていきました。構内の寄宿舎に起居させて昼夜交代で働かせ、疲れ果てた一八、一九歳には帰郷させるという、まさに低賃金の使い捨て労働でした。繊維製品は先進国に低価格で輸出され、戦前までの日本の代表的産業に発展しました。いわゆる「女工哀史」として知られる実態ですが、若年女子労働者の低賃金労働を輸出していたようなもので、これは女子労働問題の第一の課題でした。だからこそ、私は戦後の繊維工場寄宿舎に就職したのです。

また、大正期の『婦人公論』誌上で繰り広げられた与謝野晶子・平塚らいてうの母性保護論争についても調べました。論争では第三者の山川菊栄の論が優れていたので、さらに菊栄の他の女性労働問題の論文も初期から探し出しました。これらの資料は当時コピーもなかったので、報告分担者が手書きのカーボン複写で数枚作ってみなで読み合いました。

そのように明治以来の女性労働者の実態を探りつつ、先達の研究成果を学び、これから女性の労働条件をよくしていくには職場でたたかっていかなくてはならないという結論にいたりました。研究の目的は現場の女性労働者のたたかいを前進させるための理論を生み出すことであり、私たちも一緒に実践活動しつつ研究しなければいけないということが信念となりました。

一九六二（昭和三七）年に労働運動史研究で「合理化と母性保護運動」（共同研究）を、日本評論新社発行の『労働運動史研究』二九号に発表しました。これが「女子労働問題研究会」（のちに女子を「婦人」そして「女性」に変更）の名称を使用したはじまりです。

以後、同会では以下のような女性労働問題をテーマとした書籍を次々と刊行していきました（［ ］内は橋本宏子の担当した部分）。

・『合理化と婦人労働者』（嶋津千利世編　労働旬報社　一九六五年）諸産業の女性労働の実態を分担して調査。［電機・交通・商業などを共同担当］

・『「合理化」と婦人労働者』改訂版（労働旬報社　一九七〇年）［電機を分担］

・『婦人と労働』（嶋津千利世編　新日本出版社　一九七〇年）［「保育所と婦人の働く権利」執筆］

・『働く婦人と母性保護』（嶋津千利世編　労働旬報社　一九七三年）［「合理化」下の母性破壊の攻撃とその実態」分担］

・『現代の婦人労働問題』（婦人労働問題研究会編著　労働旬報社　一九七五年）［「保育問題」執筆］

・『私たちの婦人労働読本』（高橋菊江・橋本宏子共著　労働旬報社　一九七六年）

・講座『現代の婦人労働』（黒川俊雄・嶋津千利世・犬丸義一編　労働旬報社　一九七八年）
［全四巻中第三巻の「婦人労働者と保育問題」執筆］

研究と実践の両立をめざして

『婦人と労働』の編者である嶋津千利世先生が、その「あとがき」のなかで「婦人が働くということを、マルクス主義的な立場から、現代社会における婦人の階級的成長と人格形成の契機として考える」と書いています。

F・エンゲルスのいう「全女性の公的産業への復帰」が「女性解放のための第一の先行条件」であるという主張が私の研究の支柱でした。一九六〇年代、職場の女性は結婚前の腰掛けだから責任ある仕事はまかせられない、だから賃金は低くてもやむを得ないといわれていました。私は職場の学習会などに参加して「女性も定年まで働きつづけることが男女平等の社会をつくる」のだから、仕事と結婚・出産・育児を両立させて辞めないようにしましょう、と一生懸命に話しました。母性保護の権利を要求するのも、男性本位の職場を女性が働きやすくするための条件づくりだと主張しました。

当時は専業主婦志向の時代で、結婚退職制・女子若年定年制など女性が働きつづける主体的・社会的条件は厳しいものでした。保育所づくり運動を進めたのも「女性の働きつづける条件づくり」としてでした。

国連では一九七五年を国際婦人年、七九年には「女子差別撤廃条約」が採択され、日本でも批准に向かって諸運動が進められていくなか、婦人労働問題研究会（のち女性）は伊藤セツさんの発案で「研究誌」を刊行して公的に広く活動しよう、ということになり、八二年に『婦人労働問題研究』（のちに「女性」）を労働旬報社の『賃金と社会保障』誌を借りて年二回発行しました。

嶋津千利世先生の著作集出版を記念して
（前列右から２人目 嶋津千利世先生　右 伊藤セツ
後列右から川口和子 桜井絹江 宏子 高橋菊江 井上美代 本間重子　1994 年）

私は運営委員として、また、たびたび編集責任者として家事・育児と女性労働者などを特集担当し執筆もしました。継続するために赤字にならないよう販売も一生懸命でした。

一九八五（昭和六〇）年に熊本の大学専任教員に就職すると、研究は仕事として義務になり、学会活動にも参加し、担当の「婦人福祉」も専門となり、客観的な理論構築が求められます。（一九九六年、婦人福祉テキストとしてまとめた『女性福祉を学ぶ』では、（女性福祉を「女性一人ひとりが人間として幸福を追求し、人生設計をするための基盤としての生活の整備」と定義）以来、私の活動の中心は大学での学生指導・運営参加と研究発表などになり、研究中心の生活になりました。

社会政策学会に参加して種々の発表を聴き、研究書・論文を読むのが楽しくなりました。社会の産業構造が変わるなかで社会問題・社会運動も変貌し、研究の視点も広がり進みます。その新理論は社会分析などにひらめく魅力があり、のめりこみました。

私の社会活動

四〇代の一九六〇年代から七〇年代にかけて、女性が働きつづける条件づくりとしての保育

労働組合婦人部で（電済労・1969 年）

小平の婦人学級で（前列中央　宏子　1976 年）

所運動から政治活動まで「社会変革」をめざした活動をしましたが、女性労働問題・保育問題研究者としてさまざまな運動に参加しました。

一九五五（昭和三〇）年に始まった日本母親大会へは、参加者として保育問題分科会で日本中の保育所を求める女性たちと経験交流し、ときには助言者となり、地方の母親大会にも呼ばれました。

五六年から始まった「はたらく婦人の中央集会」にも毎年参加、日教組の全国教育研究集会には七〇年代から幼年教育分科会助言者として十数年出席、集会は五日間連続で各地の教育実践を発表、毎年開催地が変わるので、私は各地の教師たちから教わることが多くありました。

六九年から長野で開催された「全国保育合同研究集会」には二五年間通いました。私の研究活動は現場から学び、筋道をつくってまた職場や地域の現場に返すことでした。職場で働く女性や保育者・教師と一緒に子どもを守り、働く職場をよりよくしていく活動でした。

また、女性運動を進めるために「婦人民主クラブ」会員や日本婦人団体連合会の賛助会員、新日本婦人の会の支援など、あれこれの団体に加入してきました。

労働者教育協会にはその趣旨に賛同し、発足時から支援参加しています。そこでの学習会でチューターや講師をし、夜間に開講の中央労働学院での講師活動とともに働く人たちから多くを学びました。

社会のあり方を考える

以上のような生活をしながら、この自分史を書いて「私の一生」のまとめを考えました。

第一は、能力・体力が不足だらけの私だけれども自分の道を切り拓き、自己実現ができて、幸せに生きられた、

保育と幼児教育研究集会で講演（1976 年）

という感慨です。

第二は、二〇代の頃、貧しい人たちに出会って社会の矛盾に気づき、学び、「社会変革運動の輪に加わる」決意をしました。体験した戦争を二度とさせてはいけない、この運動も含めて、持続的に実践できたことが私の誇りです。よくつづいたなあ、と我ながらびっくりします。

当初は社会主義社会を理想だと思いましたが、歴史の現実とソ連・中国の社会を（実際訪ねて）目の当たりに見て、そういう社会を創ることは容易でないことがよくわかりました。しかし、マルクス主義はもう私の身について資本と労働の関係や、人間の尊厳を守るたたかいの大切さは信条となっています。また、弁証法的な思考方式で「社会主義まで到達する前の長い段階」として修正資本主義や社会民主主義のありようも学びました。社会学・政治学者たちの「比較福祉国家論」を通してエスピン・アンデルセンの福祉国家論に共感しましたが、この人も二〇年間にどんどん変化しながら論を展開しています。現実の国ぐにでも福祉優先国家のスウェーデンなど北欧諸国（ここでも超高齢化のもとで、施設の民営化・市場化など新自由主義の波にさらされています）、女性・子どもへの支援を進めるフランスやドイツなどの政治動向と、それをやらないアメリカを比較しながら、詳しく見つめています。

私たちの日本はどういう道をたどるのか、人権意識がいまだに低く、古風な家族主義を払拭できず、権利保障も不安定な土壌のうえに「アメリカ」的な効率的資本主義、新自由主義を進める小泉内閣以来、とくに最近の極右政治、安倍政権はとても危険です。戦前のように格差が広がっています。平和憲法を戦争ができる憲法に変えようとする強引な政治には戦前と同様の危機感を感じます。

私は戦前の暮らしのなかで、庶民がお金がなくて医者にかかれず死んでいく、また、能力があるのに進学できない貧乏の恐ろしさをしっかりみてきました。戦争直後の数年は飢えと貧困の連続でしたが、結婚した一九五五（昭和三〇）年頃から洗濯機や冷蔵庫が庶民の家庭に入り、六一年に国民健康保険制度が改革され、誰でも医者にかかれるようになり、家事労働が楽になり、栄養や美味しさを追求できるお料理が家庭でもできるようになり、水洗トイレも普及してずいぶん暮らしやすくなりました。

親からの援助はなかったのに、勤労所得だけで六畳の間借り暮らしから鉄筋の一戸建ての広い家に住めるようになり、冷暖房も付いて楽に暮らせるように、そして苦手な夏は、不便なところですが、築五〇年にもなる古家屋を購入、避暑できるようになりました。

戦時中から積み立てが始まった年金が受給できるので、私の年代だと厚生年金ならば何とか自立して暮らせます（しかし年金制度の改悪によって、若い世代は年金では暮らせない金額になっています）。年金制度のなかった昔は老後を子どもに依拠しなければならず、子は親の世代を扶養しました。だから昔は年寄りは自立できず、周囲の顔色を見ながら暮らしたものです。

生きている間の戦後七〇年で、今のように（昔から見ると）豊かな暮らしができるとは思いもよらず、今、やはり「良い時代に生きた」といいたくなります。これは、単に政府がそのような政治を進めたからでなく、新憲法のもと民主主義社会として革新的な政党、民主団体や労働組合の賃上げ要求など、社会を変えるためにたたかってきた成果であり、私もそのいくつかの組織に属して主体的に運動したことを誇りにも思います。

今、戦争法廃止、安倍政権退陣、原発反対などの運動が広がり、歴史的にも新しい質と形態の国民運動の高まりがみられるものの、国民のなかにはまだまだ政治的関心が低い人もいます。豊かな社会に生まれ育つと、危機感がなくなり、のんびり目の前のことだけに関心をもち、競争にあけくれるようになるのかと、心配することがあります。

戦後女性参政権が得られ、新憲法は差別を廃し男女共学が実施されて女性の大学進学率は高く、医師・弁護士など専門職に進出しています。しかし、労働時間規制緩和や派遣法などによって非正規女性雇用者は正規雇用を上まわり、さらに増えそうです。労働時間が長くなれば男女ともに働きにくくなり、健康破壊・貧困が進む一方、男は仕事、女は家事・育児の性役割は強くなるでしょう。進歩した面はあるものの、いろいろ難しい課題が増えてきた現代です。

それらを背負いつつ次世代は自分たちで新しい社会を創っていくでしょう、紆余曲折しながらも前進する、と私は未来に期待しています。

結婚六〇年・ダイヤモンド婚を迎えて――夫のこと

今年は結婚式をしてから六〇年になり、八八歳と八六歳まで無事に年を重ねました。夫は仕事人間で、編集者の仕事が天職のように好きです。それで、最初のほうで書いたように衣・食・住に無関心なのは今も似ています。子育ての頃は私にすべての負担がかかり重荷、住まいについてもすべておまかせで、資金のやりくり・土地購入も設計交渉もみな私ひとりでやりました。引っ越しも嫌いで、いつも腰痛になるので休んでもらいました。たいへんだったのですが、今考えると、私の思うように進めても文句をいわないのがかえって気楽でもありました。休んで旅行に行くなどという息抜きもしないで仕事に熱中するし、仕事のストレスでヘビースモーカーなので、健康が心配でした。

彼が五八歳のとき、中央公論社から転じて編集長をしていた小出版社（現代史出版会）が閉鎖になり失業したので、子どもたちは社会人になっていたし、私から「もうお金を稼ぐ仕事をしないでほしい、その代わりストレス対策だったたばこは止めること」と希望して正規の仕事には就きませんでした。その後、彼は専門学校や大学の非常勤講師、日本ジャーナリスト会議

夫・橋本進と（椿山荘　2013 年）

の代表委員をしつつ、戦時中の言論弾圧事件「横浜事件」の「再審裁判」などの社会活動を実に熱心に勝利するまでつづけました。また、日本出版労働組合協議会（のち出版労連）の副委員長・中執で活動した時期もあります。

お酒は飲めず、車も乗らない生活だと食費と光熱・通信費程度の出費でいかようにも暮らしていけます。

彼は最初失業保険、次いで年金を六〇歳から受給して、また私の就職も決まり、選手交代となりました。私の単身赴任後は家計や家の管理・ゴミ捨てなど雑事を分担し、男の自立にもつながりました。このことはのちになって八八歳まで大病せず、成人病にもかからないで元気に暮らせる結果となり正解でした。

彼は自分の城をしっかりもっていて、妻といえどもそこに踏み込むことはできません。最初、戦前の女子教育の残滓（自立できない）を抱えていた私は宙に浮いたように戸惑いました。そこで、「私も城をつくろう」と自我の確立をめざしました。一緒になって学んだこと、考えさせられたことはたくさんあります。

若かった頃、論文をまとめるときは編集専門家の彼が協力してくれました。私も専門研究者として学ぶことが少なくありませんでした。

夫はジャーナリストなので、政治・社会のことは熟知していて、そのぶん生活にうといので、二人で暮らすと、生活全般は私で、彼は仕事などの知的部分を補うことになります。「性役割分担」のように見えますがそうではなく、結果的に経済は折半になり、特質分担というか、それぞれ助け合って歩いてきた、といえます。

長女と同居以後、彼はお米を研《と》ぐ・後片づけ・ゴミだしを分担、一年生の孫を学童保育所へ迎えに行ったり、炊事以外でやれることはみな実行してきました。自分で健康管理をして元気、八八歳ですが、海外旅行にひとりで参加するほどです。

これまで生きて今

今、八六歳、ずいぶん長生きしたなあ、と感無量です。最近、多忙や緊張がつづくと動悸がはげしくなり、脈拍が一八〇近く心房細動だそうで、横になって約一時間で元にもどります。これが週二回以上になったので、不整脈の薬を服用し始めました。気温差にも敏感に反応するので注意が必要です。今の医学はたいしたもので、高血圧対策の降圧剤とともに新薬がよく効いて無理をしなければ安定しています。

それで、外出しないでなにかしよう、と地域での「居場所」づくりを考えました。わが家の一階は事務室で、半分は私の書斎、隣室をサロンにして開放しようというわけです。幸い幡ケ谷でこれまで一年半、「居場所」を実践してきたグループがあり、そこの人たちが応援してくれることになりました。さっそく準備して「みんなのカフェに

みんなのカフェに集まったみなさん（左から４人目　宏子）

どうぞ」というチラシをつくり、近所の代々木病院の「ころばん体操教室」（約三〇人）と社会教育の講座（五人）とご近所に配り、お誘いしました。体操教室後の時間に開いたので、当日は計一八人の参加で簡単なランチ（二〇〇円）とお茶・コーヒー（一〇〇円）は食器が不足するほどの大盛会でした。

私の得意の黒豆入り雑穀米ご飯はお代わりも出るほど、アスパラの肉巻きサラダ・きゅうりのぬかづけも好評でした。遠くから友人のフラダンスの先生を誘ってきた人もいて、ここでみんなでダンスを教わりました。

少々難あり（私道の奥）のこの地を見つけて購入したとき、千駄ケ谷駅から近いので、これは私物化するものでない、みなさんに開放したいと思ったので、三〇年ぶりに願いがかなって幸せでした。また、ヘルパーの集まりをしている人たちが「勉強会をしたいので使わせて」と読書会を始めました。毎月数人参加して、私も勉強してちょっと助言などさせていただき、これもにぎやかで嬉しいことです。これからはわが家にいて社会につながる活動ができるかな、と未来が開けました。

疲れるので毎日の外出は避けなければならなくなりました。週二回くらいは運動や書道・文化講座など近所に出かけます。しかし、もっと何かをしたいと思っています。それがわが家を開放することですが、かなって喜びです。

コラム①

夫の傘寿《さんじゅ》の祝い

――二人だけのパリ

パリに行ってみたい

一九七五（昭和五〇）年と七六年に婦人団体のヨーロッパツアーに参加し、二回ともパリの観光をしたのですが、「ゆっくり見物したい」と不消化な思いを残しつつ帰国しました。以来、ロンドンやウイーンなどには研究のために滞在したのですが、フランスはゆっくり行ったことがなく心残りでした。

今年こそ、と思っていたのに私は年頭に病気をし、しかも膝の半月板損傷で一〇メートルも歩けない状況だったので、諦めかけていたのですが、夫は八〇歳、私は七八歳となり、来年はどうなるかと思うと、どうしても「花のパリ」、木々の芽が吹きかけた「ライラックの咲く春のパリ」を訪れたく、三月以来足慣らしを始めて様子を見ました。四月にはお花見や美術館など、三時間くらいをめどに歩き、膝が痛くならないのを確かめて、今年は（二〇〇七年）「夫の傘寿祝い、やはり実行しよう」と予定を立ててみました。すると、飛びとびに用事があって二週間もあけるにはゴールデンウイーク前後しかありません。

インターネットで予約

どうせ行くならば労働者の集まるメーデーをみようと、無理を承知で四月三〇日出発便の航空券をインターネットで探しました。高齢なうえに私は半病人、フルフラットのビジネスクラスの航空券を安い順に片端から尋ねました。四月二〇日です、満席の返答ばかりでしたが、ＳＡＳ航空に二席を確保、二四日、夫婦割引のために戸籍謄本まで取りに行って、二人分総額八九万円で購入しました（もし「エコノミー」で行くならば一人七〜八万円から一〇万円くらいです）。

宿もたいへんです。あれこれ検索し、同じホテルでも紹介する会社によって値段の違うことを発見、最終的にいちばん高い、四つ星の「ホテル　ルテシア」に「エクスペディア」で決め、三泊分をカード決済で支払いました（一泊三万四〇〇〇円、あとで考えると、朝食は一人約四〇〇〇円で野菜などなく、高額。それに、ラウンジは芸術的で広いけれど部屋は普通、その半額の二つ星でもよかった)。

そのあとですが、私は外食が苦手なのと、その土地で売っている食物を素材から調理して食べてみるのを旅行の目的にもしているので、自炊できるところを探しました。シタディーヌというところがパリに二〇カ所も自炊ホテルをもっているので、ルーブルの近所を問い合わせたら満室、迷っているところに『地球の歩き方――パリ』を買って読んだら、広告に「日本人がサポート」の「パリス・リヴィング」というフラットを見つけ、すぐ電話しました。本当に日本人女性が応対に出て親切に対応してくれたので、しかも一室だけ空く予定というので、少々狭くシャワーしかないけれど、予約しました。

言葉ができない私たちにとって「日本人のお世話」というのはほかに替え難い魅力でした(四月二一日)。さあ、それから準備・支度です。行く前に片づけること、留守中の連絡や気候不順なので、暑さ・寒さへの対応、食品など三日前にスーツケースに詰め、翌日成田に託送しました。その間、医師に診察してもらい相談すると、膝の担当医は「これ以上よくならないから今行きなさい」、胃は内視鏡検査で「治癒したけれど、炎症があるから薬を飲んでいれば潰瘍にならない」と、旅行を励まされました。

いよいよ出発

四月三〇日、近くを走る大江戸線とその先の京成線もエスカレーターで移動でき、大門で乗り換えると快速の成田行きがあって、格安に速く行けるのでそれを利用。手続きも早く終わり、出国してしまってからさあ換金となって、中にはATMがないことを知り、あわてました。やむを得ず、現地でカードを活用して間に合わせることにし、利息をとられましたけれど、現金をもたないのでかえって安心でした。ラウンジで休憩、一一時四〇分発のSASコペンハーゲン行きに乗りました。

たしかに椅子は改善されていて、前後に迷惑かけないでボタンで寝たり起きたりできて、腰に影響せず、ゆっくり眠れました。乗り換えてパリのシャルル・ドゴール空港に着いたのは二〇時五分、荷物を受け取ってタクシー乗り場に行き、ホテルの案内を見せたら真っ直ぐに連れていってくれました、六〇ユーロです。

メーデーパレードを見る

五月一日、メーデー、フランスでは国民的祝日、美術館にいたるまでお休みです。次いで五月八日は第二次世界大戦戦勝記念日でこれも休日。約束していた知人がホテ

ルに迎えにきてくれて、「共和国広場」まで地下鉄で連れていってくれました。メー

パリのメーデーパレード

パリ郊外のトリアノンで

デーパレード出発、集会はないそうです。日本と違って朝からではなく午後それも二時半頃から歩き出すのです。それぞれの団体・組合が旗やプラカードをもって集まり、騒いだり歌ったりしています。学生・若い人・女性・子連れが多いのですが、中高年者も、移民の人たちも数多く元気です。

歩いていると、知人が元ユマニテの記者に出会い、紹介してくれ、「今のフランスの政治状況」などを話してくれました。大統領選挙の五日前なので、その話でいっぱい、スローガンやシュプレヒコールも「サルコジ」反対、今度は女性（ロワイヤル候補）に入れろ、などと叫んでいます。とくに移民グループは盛り上がりをみせていました。行進といっても、みんなでただ歩くだけ……と一緒に歩いて、途中でカフェでデモを見ながら飲食し、二時間くらいで帰りました。デモは労働者や移民の多いバスティーユ広場を通って数キロ先までつづくということでした。

リュクサンブール公園散歩

五月二日はホテルの近所を散歩しよう、と午後から『地球の歩き方――パリ』をもって、その地図や案内に頼りながら歩きました。道が放射線状になっているので、地図通りに行けば、カルティエラタンやモンパルナスも案外近いのです。古い教会や大学・高校などもあって、ちょっと中をのぞいてみたり、また、リュクサンブール公園は小説や随想などによく出てくる名所なので、若葉のなかを気分よく散歩できました。サン・ミッシェル教会の側の、サルトルやボーヴォワールが住んでいたという建物の一階のカフェでコーヒーを飲んだりした午後でした。夜は知人がレストラン（パリ一四区南端地下鉄アレジア“alesia”の出口の前で「ル・ブーケ・アレジア“Le Bouquet d' Alesia”」）に案内してくれ、魚スープや鴨《かも》のローストなどを食べ、三人で六〇ユーロでした。庶民的なカフェでしたが、美味しかったです。

三日はホテルをチェックアウトして、知人の車で市内をまわり、オペラ通りのムール貝の美味しい店でたくさん海の幸を食べました。七区アルマ橋近くのフラットにチェックインし、夕方モンマルトルの丘に連れていってもらい、パリ市内を一望し、絵やお土産を買って楽しい散歩をしました。

自炊・食事のこと

四日は食料の買い出し、チーズやコーヒー・牛乳・ヨーグルト・生クリーム・白のアスパラガス、えび・肉・野菜・苺など五〇〇〇円くらい購入、翌日不足したもの三〇〇〇円くらい買って、これで一週間まにあいました。

大鍋で牛シチュウ肉（一キロ）とジャガイモ・玉ねぎ・セロリの葉・シャンピニオンを煮込んで毎日食べました。チーズ・ハムなど安価で美味しいので、パンと一緒にトマトとサラダ菜などのサラダ、ラズベリーや苺にアイスクリームとヨーグルト・生クリームをかけて食べると上等な朝食です。オレンジも安くて甘くて美味しいのです。炊飯器も宿についていたので、パエリア風ご飯を炊いてみたら油抜きなので、お腹によく、薄味で美味しいものでした。私は外国の食材で、このような食事を作って食べてみたかったので、それも旅行の楽しみの一つ、キッチン付きは体調維持・健康にもいいのです。

外食はほとんどサンドイッチ・コーヒーで簡単にすませましたが、オルセー美術館内のレストランで食事したときは、高級な店に入ったらしく、シャンデリアが下がっていて宮殿で食事しているような気分、野菜を鮭と白身魚で包んだパイで、バランスよくデザートの三種アイスクリームも絶品で堪能しました。

オペラに行ってもタクシーですぐに帰れるので、フラットでゆっくりご飯を食べることができ、助かりました。それでも、今度は持参したインスタントラーメンや味噌汁など手をつけないまま残ってしまうほどでした。

美術館めぐり

『地球の歩き方』はたいへん便利で、美術館が第一日曜は無料とか、休日・開館時間、入場料など丁寧に最新情報が書いてあるので、それを参考に予定をたて、無料の日は入場料の高い順に三カ所予定、しかも現代国立美術館は二三時まで開館なのでオルセー・ピカソの次に予定し、ゆっくり歩いて行けました。三館二名分の入場料で、タクシー三日分が間に合うほどです。

ロダン美術館は近いので歩いて行き、日本語のイヤホンガイド（実に専門的な内容で、アナウンサーのような話しぶりで、理解が深まる）を借りてゆっくり鑑賞しました。ロダンは、日本の上野をはじめ各所にあるので、さしたる期待をしていませんでしたが、ガイドの説明を聞きながら「この場所にある意味」がよくわかり、ロダンの人間関係を含めてその芸術を総合的（男女の交歓像の官能的な美の背景）に知ることができました。

これはオルセーでも同じで、このようにゆっくり滞在して、「ガイド」を聞きながら鑑賞することで、数倍の知識を得て、フランスの文化の重みと歴史、人間的な芸術の深さを満喫できました。ルーブルも午後から最後までいて、全館観ました。最終日に行ったブーローニュの森の入り口にある「マルモッタン美術館」では初めてシルバー割引で一人四・五ユーロ、モネを心ゆくまで鑑賞しました。

オペラ・セーヌ河クルーズなど

オペラは好きなので、まず、宿泊した「パリス・リヴィング」の近藤さんというお世話係が車で連れていってくれ、バスティーユの新オペラ座に開演前二〇分に当日売りの行列に並びました。運のいいことに、前から三番目の一三〇ユーロの席をシルバー割引と開演直前割引で二五ユーロで購入、ヤナーチェクの「マクロポロス」を観劇しました。調べもせず、いきなり行ったのに公演していたのが幸運でした。

では古いガルニエオペラ座も行ってみよう、と、ルーブルの帰途、歩いていき、ちょうど六時半、切符を売り始めたところなので、列に並び、これも、一階桟敷の前列を六五ユーロで入手、ゆったりバレエとオペラのユニークな創作舞台を観劇、良い席でもパリは東京より安いのだ、と実感しました。

近藤さんが「これまで三〇代前後の若い人ばかりで、高齢者は初めて」と心配してくれてよく面倒をみてくれました。ベルサイユまでドライブして「トリアノン」と「マリーアントワネットの広大な畑と隠れ家」など見学し、高級なホテルでお茶をするなどのエクスカーションから、ブーローニュ・シャンゼリゼーをまわり、パリの韓国料理店など案内してくれました。夜のセーヌ河クルーズはエッフェル塔が輝いて、ちょうど一〇時に点滅するというわけで、八時に船着場に案内され、切符はこれもシルバー割引で四ユーロ、安上がりのセーヌ川クルーズからパリ見物もできました。

エッフェル塔は散歩で行きましたが、上に登るのに長蛇の列で、人を見に行ったようなもの、周囲が公園でみどりが美しく、塔と調和がとれて離れて見るのがすばらしい、と実感しました。

また、路線バスにも乗ろうと、近所から終点のリヨン駅まで乗り、「マルセイユ行き列車」を見送って、また帰りのバスで市内を横断しつつ、パリ大学や動物園・カルティエラタン、モンパルナスなど見物、終点のブーローニュの森入り口下車という市内見物もしました。フラットの支払いは、掃除・タオル・電話代まで含め計七七五ユーロ、空港までのタクシーは四五ユーロでした。

以上のようなわけで、一〇泊一一日パリにいて、街を歩き、市民生活を垣間見たり、歴史ある芸術に触れ、美しい街並みだなあ、と心から楽しんで健康も損なわず、元気に五月一一日帰国しました。

パリで考えたこと

今度の旅はショッピングもせず、毎日歩きました。美術館をこのように多く観て、二つのオペラ座で二回も観劇できたのは初めてです。いっきょにフランスの現代芸術に触れた気になりました。というのは、現代美術館もオペラもみな、人間の性を裸にして、まるごと描いているのです。クールベやロダンは女性の性器をそのまま丁寧に描き、それが芸術（解説）なのです。現代ではもっとはっきり性そのものが主題になっています。古典オペラのはずなのに、現代に置き換えて、トイレ・バスタブが装置になり、裸にもなり、便器に腰掛けて歌うのです。バレエも似たようなもので前衛的、今は「椿姫」でも何でも現代解釈で、古典的な舞台・衣装は見られなくなった、といわれました。

日本の「歌舞伎」が同じ舞台で一カ月前に演じられたのですが、「それも一種の前衛芸術として観られたのかしら」とその様子を想起しながら感慨にふけりました。フランス人の芸術感覚を昔の「ヌーベルバーグ」の延長としてみながら、これは日本にもくるものだ、と「婚外子」「同棲の認知」「未婚の母」「同性婚」の公認と合わせて「個人の重視」を強く感じました。

それから、大陸は隣国と地続きなので、侵略・蹂躙《じゅうりん》の歴史は長く、民族独立とか戦争に対する危機感は強く、また、親戚が多国籍に広がっていて、情報もよく伝わるので、人権思想など強くなっていることもわかりました。また、いつもはい、いいえの意思表示をはっきり言わないと、誤解されて、あとで困ることもわかり、日本は島国だから、白黒はっきりさせない言い方が多いのだ、と強く感じました。

けれども、過去に植民地からの富で潤った国としての貧富の格差は確固としてあり、階級意識が強く残っており、弱肉強食もはっきりしている、今、右翼が移民排斥世論で進出してきている保守性、女性蔑視もかなり強いものと思いました。ユーロが高くなっていること、イラク出兵もその背景であったのだ、と世界情勢の複雑さを痛感しました。

コラム②

外国に旅して思うこと

私たちの少女時代はテレビもなく、子ども向け映画は年に数本しかない、本を読み、見る楽しみしかなかったので、外国の童話・神話・子ども向けの小説などは知的好奇心をあおる最大のメディアでした。外国への憧れは夢のように広がりました。円高になった一九八五（昭和六〇）年まで海外旅行は高額でしたが、それでも、貯金をはたいて折あるごとに出かけました。

初めての海外旅行

最初に海外に行ったのは一九六九（昭和四四）年、フィンランドのヘルシンキで開催された「第六回世界婦人会議」に日本婦人団体連合会（略称　婦団連）代表五人の一人として参加したときでした。保育関係の代表として、みなさんから寄せられた八十数万円のカンパ（当時としてはたいへん高額です）で行ったのですが、航空運賃も国際会議参加の分担金も高額でした。婦団連傘下の女性団体や労組婦人部のみなさんがしてくださったカンパのなかには一円貨もたくさんあり、そのご苦労が痛いほどわかり、任務の重みを感じました。

当時、行きはアラスカのアンカレッジ経由、帰途は南まわりドバイなどで給油、二〇時間以上かかる大旅行でしたから四〇歳でもたいへん疲れました。

六月のフィンランドは白夜で美しく、しかし、陽が沈まないために睡眠不足に悩まされながらの会議出席でした。数日間の会議の間にフィンランドの女性大臣を訪問して出産時のシャワープレゼント（当地の習慣）として、政府は産着いっさいをベッドになる大箱に入れて贈る実物を見せてもらったり、「女性・子ども政策」の話を聞いたり、さらに完備した清潔できれいな保育園を見学して感動しました。障害児保育を特別に重視しているのもすばらしいことでした。

ルーマニアに招待される

帰途、招待を受けてルーマニアを訪問、女性が村長の農村、付設保育所のある大工場などをはじめ、幅広いドナウ河口の黒海まで案内されて、リゾート地で一泊、賓客として国中の観光地から諸施設まで車で走りまわり、大いに見聞を広めました。

実際に見学してみて学んだことは、北欧などは出産率が南国より低く、みんなが赤ちゃんや妊婦を宝物のように大事にする、という自然条件による国民性の違いから政策も異なってくるということでした。また、ルーマニアは石油は出るけれど、ヨーロッパでは貧しい農業国で、私たちの宿泊した迎賓館の裏側は荒れて汚いし、タオルなどは薄黒くて洗濯したくなるほどの「発展途上国」でした。その二〇年後、大統領が民衆に処刑されて政権交代が起こったのもうなずけることでした。百聞は一見にしかず、を実感して、その後外国旅行に拍車がかかりました。

国際会議の大切さ、生き方が変わる

九五カ国から集まった数百人の全体会では、ベトナム代表が戦争の悲惨さを訴え、みんなで支援することを決議しました（日本では婦団連がそれを実行すべくカンパを呼びかけ、数年がかりで一億円集め、産院を贈りました）。私は分科会で日本の保育所運動のことを報告し、同感する人たちの挨拶を受けました。嬉しいことでした。

国際会議では通訳が日本から二人随行しました。出発前に報告書の準備などに長時間かけ、帰国後はカンパのお礼や報告などで全国をまわり、多忙をきわめましたが、責任の重大性を痛感したことでした。この旅によって、みなさんから寄せられた期待を背負うことになり、私のその後の生き方に影響し、世の中をよくするために力を尽くす社会的責任を自らに課すことになりました。

その国全体を学ばないと保育はわからない——私は子育てをしながら保育所づくり運動を一生懸命にしていたので、外国の女性の生活と保育所はどうなっているかを知りたい一心でしたが、最初の見学以来学んだことは、「保育所を見学するだけではわからない」ということで、その国の歴史、文化、気候風土、地理的条件などすべてを知らなければ、その国の子育て事情は理解できず（子育ては文化だということ）、すべてにわたって比較検討しながら、保育を考える必要がわかったのでした。

このことは他の視察にもあてはまります。まずその国をよく勉強して、とくに政治形態を知ることから施設や社会保障・福祉・芸術・文化などのことがわかるということと、もうひとつ、日本の現状を知っていないと比較もできないこともわかりました。以来、外国に行くときはその国のこと、歴史などと、日本のことをよく勉強してから出かけます。そうすると、逆に日本がよく見えてくるのです。

ウィーン大学などの研究旅行からわかったこと

大学教員になって、海外への研修や視察・会議などで出かける機会が多くありました。社会福祉・社会保障など国際比較を論じますが、資料だけでなく、実際にその地に入って人々の暮らしを見たり聞いたりすることは、その国の制度の裏づけとなって日本との違いがはっきりわかります。

ウィーン・パリ・スイスで滞在を経験し、買い物をして自炊すると、いろいろ感じます。付加価値税が高くても食品は安くて暮らしやすいです。キャベツやトマトは硬いので、「煮て食べるのが当然だな」とか、乳製品は多様にあり、ヨーグルトは一個分が日本より大きく、果物のジャムが入っているので振ってから食べる、クリームやチーズはとても美味しい、それは水と土壌のせいかな、とも思いました。醬油を使って「肉じゃが」をつくったらシチュウのような味でした。

衣料品とくに服などは簡単なものでも高額でした。材料は安くても人件費が高いので、レストランなど外食は高いのだ、とよくわかります。

また、スイスがいちばん観光客としては居心地がよく、どこの名所でも売り子やウェイトレスは愛想がよく外国人を大切に扱います。アルプスの高峰、有名なシルトホルンまでケーブルカーとロープウェイなど数種類の乗り物を乗り継いで登ったそこには、三六〇度を一時間かけてまわるレストランがあります。

そこでのメニューは街中と似た値段で、小食の日本人のためか「ハーフサイズ（半額近い）」まであり、驚きました。四〇〇〇メートルもある高い山まで観光客を運ぶその費用は安全第一の保全もあって高額な乗り物代です。けれどレストランは美味しい料理をサービスよくゆっくり食べさせてくれるので、最高の気分に浸れます。

一〇〇年以上かけて観光収入が大事という考え方が、この国全体にゆきわたっているので気分よく感じました。

ウィーン大学への長期出張
（夫・進　宏子　1997 年）

激動の旧社会主義国を歩く

私たち夫婦で最初に個人旅行をしたのは一九八八（昭和六三）年一二月、中国で汎太平洋社会福祉教育学会が開かれたときで、北京の大学でした、当時中国では社会福祉は研究が進んでおらず多様な報告でした。障害児教育、高齢者施設・保育所など見学して街を歩くと、まだ商品が少なくて貧しい感じ、日本のある新聞社の特派員は「今になにか起こる状況だ」と危機感をもっていました。その半年後に天安門事件がありました。

八九年の夏、モスクワに知人の特派員を訪ね、文学者の女性から話を聞いたり、自由化されたレストランに行ったり、ソ連の体制がゆらいでいるさなかを見てきました。バルト三国に行ってみました。タリンとリガでは独立運動を主張する街頭集会が盛んで、その郊外のリゾート地ユルマラ海岸は対岸にフィンランドが眺望できる美しい場所で、ゆっくり滞在したい気分でした。

チェコなど東欧でもそうでしたが、本当に生活物資が不足し、お土産を買うにも商店が短時間しか開いていないほどなにもありません。その直後に社会主義国はいろいろなかたちで新政権に変わりました。社会主義を期待していた私たちはたいへんな衝撃を受けましたが、そのような街の状況を思い出し、あの体制は経済的に破綻したのだ、とも思いました。

百聞は一見にしかず

大学では海外留学の制度がありますが、私は海外に行くとよく体調を崩すので、医療が心配で長期滞在はせず、その代わり春・夏の講義がないときに二週間くらい海外に出かけました。大学関係の友人・知人、マスコミ特派員を訪ねてその国の様子を見聞し、資料を探してきます。のちにその国々の社会保障や福祉の報告を聞いたり、著書・論文を読んだりするとき、情景が浮かび、内容をよく理解することができました。

とくに感激したのはマンチェスターの産業科学博物館で、市の歴史の棟では、入ってすぐの部屋にエンゲルスの肖像が入口に掲げてあり、一八世紀の労働者家族の展示では当時を思わせる悪臭まで再現されていました。また郊外には小川の流れを水車で工場全体の動力に活用する過程が理解できる旧紡績工場の村もありました。

そこの国の人々の暮らしぶりを考慮に入れないと、紙上だけでは比較できないと痛切に思います。

あとがき

同世代がだんだんいなくなって戦前の暮らしぶりが忘れられていくのが惜しくて、私の子ども時代のことを残しておこう、と書き始めました。阪神・淡路大震災と東日本大震災が起きて、「さあ大変」と地震対策が推進されていますが、私の子どもの頃は関東大震災の恐ろしさがつねに語られ、それへの対策は身に沁みついています。思えば私の両親は二二年の間に震災と空襲の二度の大災害に遭って生きてきたのだ、とその年代の方々のご苦労を思い起こします。

大地震の恐ろしさがつねに心にある私は、一九八〇（昭和五五）年に小さい土地に鉄筋の家を建てたとき、部屋が狭くなるのに、地震に強いという壁構造にして、窓ガラスにいたるまで留意して建てました。当時は周囲から大げさだといわれ、作りつけの食器棚を特注した家具屋さんなどは相手にしてくれず、デザイン優先で作りました。関東大震災の経験が時を経て伝わっていないのだと思わされました。

いま、聞き書きで戦前の暮らしを残そうという研究が広がって、そのような書籍も出版されています。ひとつでも多いほうが当時の暮らしを伝えることができるのではないかと、私の経験を記しました。戦争にいたった戦前の社会状況を忘れてほしくないという思いもあります。

書いているうちに、当時の社会や庶民の考え方とともに子ども時代のあれこれが思い出され、幼年・少女期の育ち方や周囲の大人からの影響がその後の生き方に影響して、八〇歳過ぎても心の底に残っているのに驚いています。

国家の政治がすべて間違っていた、とわかった戦後の私たちは、政治の動向をいつもみていて、戦前のように何もいえないで政府のかけ声に流されていくしかない世の中を決してつくってはいけない、と肝に銘じて生きてきました。戦後七〇年も過ぎ、それが忘れられてしまう危機感にさいなまれます。体験者がいなくなったときのことを思うと、ますます書き残さねばならないと思いました。

私はなんでもよくできる優等生ではなく、不器用で自己肯定感が昔から低く、引っ込み思案でした。しかし、幸せ追求心が強く、好奇心は旺盛、わがままといわれるほど自分のやりたいことを主張してきました。それに対する周囲からのリアクションもあって苦労をしたのですが、根気強くねばって目的を遂げる努力をしました。普通の人でも熱意を持続させればそれなりに目的を達成できる、ということを伝えたいと思いました。

ここに書いたことからそれを読み取っていただけたかと、心配ですが、私なりの自己実現ができました。いまここで書いたことを思い起こしながら、自己実現できなかった父や母（六〇歳で死去）をはじめ、私を育ててくれた多くの親族たちの思いが寄り合わさって、私の自己実現を応援してくれたのだと思います。

成人の日が制定されたのは一九四八（昭和二三）年で実施は翌年四九年ですが、それと同時にそれまで数え年（生まれたときが一歳で新年に一歳増える）だったのが満年齢になり、私は四八年に数え年二〇歳、四九年の四月に満二〇歳、と花の二〇歳でいられた時間が長くて楽しい思いをしました。成人の日は当初、昔の元服の一五歳かと新聞などで書かれていて成人式などなく、その後の成人の日に晴れ着でお祝いする若者を見ると、羨ましく思っています。

また、明治生まれの母の世代までは和服しか着用せず、大正中期・昭和生まれの私たち世代から和洋混合、次いで洋服専用になりました。テレビドラマなどで、その時代の服装が木綿がきまりだった女学生が絹の着物だったり、昭和に入っても和服が主だったりで、違和感を覚えます。

戦後すぐの日本女子大学の学校生活は実は堅苦しくてあまり楽しくなかったのですが、いま考えると、戦前の言論弾圧の時代に女子大生もかなり逮捕され、学校ではさまざまな意味で苦慮して、学生の思想動向を監視していたようです。その風潮が教員たちに残っていて、戦後の自由な解放感は学内にみなぎっていませんでした。『日本女子大学社会福祉学科五十年史』（一九八一年　同学科発行）を開くと、一九二八年・二九年の左翼弾圧のときに学生に検挙者が続出、「退学すれば起訴しない」ということで学校を去った学友もいたことや、当時あった社会事業学部が「社会」という単語が入っているだけで左翼思想を連想させ、志望者が激減したので、家政学部第三類と名称変更した、とあります。

戦争するために政府がとった思想弾圧は学内を暗くし、それは戦後まで引きずっていて、私は先生の目を盗んで学外に出かけて学びました。思想・学問の自由は学生にとって非常に大事なものだと思います。

私は子ども時代の体験から、女性が解放されるためには経済的独立が第一、と思ってそういう世の中をつくろう、と学び発言し、まず自分が実践しよう、と生きてきた数十年をここに書きました。それを法的に保障する新憲法が制定されて七〇年になろうとしています。

国連では女性の人権を具体化し、一九七九年、男女性役割の変革を中心理念とした女性差別撤廃条約を採択、日本は八五年に同条約を批准し三〇年が過ぎました。しかし、内閣府の調査によると条約の周知度は三五％、「夫は仕事、女は家庭」という性役割を肯定する人が多く、反対する人は二〇一四（平成二六）年にやっと肯定を上まわりました。まだ日本社会では旧来のライフスタイルが多くを占めています。

これまで、男女雇用機会均等法、育児・介護休業法など、女性を働きやすくするための諸法律が制定されました。同時に労働者派遣法のような不安定雇用を広げる法律も作られています。八時間労働をとり決めた労働基準法は規制緩和条項が多く加えられ、長時間労働が一般化しました。

男女がともに家事・育児を分担しつつ働きつづけるためには、すべての雇用者が定時に出退勤できる社会にならなければ無理です。また、専業主婦優遇の社会保障・税制の検討も必要です。

私が大学を卒業したとき、自立して生活する女性は特殊なのであり、結婚前の数年間だけ働くのが一般的前提で、家計補助的な労働とみなされ、低賃金でした。六五年後のいま、男女雇用機会均等法が施行されて三〇年たちましたが、共同通信社の調査で大企業二八社の回答によると、「女性総合職一期生は八割が退職」という結果が出ています。また日本女子大学現代女性キャリア研究所で実施した二五歳~四九歳の高学歴女性を対象にした調査によると、「正規雇用で就業を継続しながら結婚・出産を経験している女性は三％」「結婚しない、出産していない女性が圧倒的多数」、「他の仕事がやりたかった」「仕事に希望がもてなかった」という理由で初職を辞めています（同研究所編・岩田正美・大沢真知子編著『なぜ女性は仕事を辞めるのか』青弓社　二〇一五年）。日本社会ではまだ女性を男性と差別する職場が多く（大槻奈巳『職務格差』勁草書房　二〇一五年に詳しい）、二〇一五年に刊行された小杉礼子・宮本みち子編著『下層化する女性たち』（勁草書房）によると、日本は「女性労働の家族依存モデル」の性役割を前提とした社会構造ができていて、女性が労働と家庭から排除されざるを得ない状況にあり、貧困化が進む、ということです。

私が歩いてきた数十年で、医師・弁護士などの国家資格をもつ専門職・研究職・公務員などは、女性も男性と同格に働く場を得ていますが、一般的にはまだ女性は家事・育児から解放されず、性役割社会のなかで差別にさらされ、とくにシングルマザーの生活は困難です。

これまで、女性が自立できる社会、ジェンダー平等社会をめざしてたたかい生きてきた私にとって、もの足りないことや心配することばかりが見えてきます。しかし、八〇年前と比べると、ずっと暮らしやすくもなっています。労働組合・諸団体・市民など当事者の要求運動の成果もあって、諸法律や制度とくに社会保障がささやかながら前進してきています。世の中は急には進まないけれど、目覚めた人たちが声を上げ行動することで、少しずつ前に向いてくるのだ、それはゆっくりではあるけれど必ず前進する、と信じられるようになりました。

二〇一五年一一月、久しぶりに講演する機会があり、参加者のなかに昔労働組合の学習会などで私の話を聴いてくださった方々がかなりいて、その感想文に私は大変感激しました。

「私が二〇歳の頃（今から四五年前）橋本先生のお話を伺う機会がありました。〝とにかく働きつづけることが大事〟と力強く語っていただいたのがとても励みになり、六一歳までこのお言葉を思い出しながら頑張って働いてきました。……」「現役で働いていた頃、組合婦人部の学習会で聴きました……〝危機はチャンス〟の言葉を思い起こしては、前に進んできました」（全日本年金者組合都本部女性の会ニュース『ひまわり九七号』二〇一五年一二月一一日）。

四〇年前の学習会で、二〇代の女性たちに四〇代の私が「定年まで働きつづけることが女性解放のたたかい、頑張って」と話したとき、当時はそのような先輩は皆無だったので、うんざりした顔をする人もいて少々不安でした。高度経済成長期で、社会学者の間では専業主婦が最大多数になった時代といわれている頃ですから、若い女性は結婚後主婦になるのが憧れだったでしょう。そのような風潮のなかで定年まで「働きつづけること」を実践してきた「働く女性たち」がいたことを直接知って本当に心強く、みんなが一歩ずつ進むことで小さい流れが大きく広がっていくだろうという展望が拓けました。この出会いに感謝しつつ、世の中を前に進める役に立ったという喜びが湧きました。

数は少ないけれど、働きつづけた親世代から子・孫世代まで、その生き方を引き継いで広がっていけば、じょじょに「女性の自立」要求は社会を変え、政治に反映していくだろうと思います。

自分史をまとめる、といっても簡単ではありません、私はまず、『婦民新聞』で瀬谷道子さんの自分史塾連載を見てさっそく会場に出かけました。何回か参加したのですが、遠方なので中止、その後数十年ぶりに出会った旧友の谷井澄子さんから「自分史サークル」に誘われました。自主グループで四名の参加者、毎回三〇〇〇字くらい書いていき、指導の専修大学教授の川上隆志先生の前で音読し、みなさんから感想や意見を聞き参考にします。音読すると文章の欠点がよくわかり、推敲《すいこう》しやすいのです。期日を設けないと書けない、とわかっていたので、隔月の例会には必ず書いて出席し、三年（最初から六年）でやっとまとまりました。

またパソコンは私にとって文明の利器、これを活用したからこそできたのですが、書いても整理が難しくてひとりでは仕上がりません。そこで、バラバラの原稿を実務堪能で優れたセンスをもった水嶋いづみさんに送信し、順序よく整理しまとめていただきました。七一歳から始めたパソコンは、うっかりすると消えたり動かなくなったりするので操作に緊張しますが、SOSを出すと若いインストラクターの玉藤晋策さんがいろいろと指示してくださいました。ほんとにみなさんのおかげでできあがりました。

元編集者の夫・橋本進も校正刷りを読んで助言してくれました。さらにドメス出版の佐久間俊一さん、編集者の矢野操さんは、高齢で超スローテンポの私にゆっくり付き合ってくださり、やっとここまでこぎつけました。

途中で原稿を読んで感想をくださった方々もいて、加筆訂正もでき、ありがたく思います。お世話になったみなさんに心からお礼申し上げます。

最後に本書を亡き父母に捧げたいと思います

橋本　宏子

二〇一六年二月

略年表

年		個人年表	世界・日本の主な動き
一九二三（大正一二）		母・辰代、関東大震災で被災	関東大震災発生
一九二五			治安維持法制定 衆議院議員選挙法（普通選挙法）制定（満25歳以上のすべての男子に選挙権）
一九二八		母・辰代、父を婿養子に迎える	
一九二九	当歳	四月六日　宏子誕生	世界大恐慌 改正工場法施行（女性・年少者の深夜業廃止）
一九三一	2歳	弟・暉夫誕生	「満州事変」
一九三二	3歳		上海事変 五・一五事件
一九三三	4歳	次弟・幹彬誕生	日本、国際連盟を脱退
一九三四	5歳	京橋区立京華幼稚園入園	
一九三六	7歳	京橋区立京華小学校入学	二・二六事件
一九三七	8歳		日中戦争、国民精神総動員運動

一九三八	9歳		国家総動員法制定
一九三九	10歳	妹・計枝誕生	慰問袋・千人針盛んになる
一九四〇（昭和一五）	11歳		花電車・祭行事　紀元二六〇〇年記念式典　提灯行列など 日独伊三国同盟調印
一九四一	12歳	小学校で強歩訓練、薙刀体操、宮城遥拝	太平洋戦争開始
一九四二	13歳	三輪田高等女学校入学 帰宅途中初の空襲を経験	
一九四三	14歳		学徒出陣
一九四四	15歳	級友、疎開で転校 那須アルミ工場に勤労動員 次弟・学童疎開　祖母・妹疎開	サイパン島全滅
一九四五（昭和二〇）	16歳	空襲で自宅被災 母校も被災焼失 女子は危険と疎開2カ月	東京大空襲 広島・長崎に原爆投下 敗戦 改正選挙法公布（婦人参政権実現）
一九四六	17歳	日本女子大学校家政科社会福祉科入学 校長排斥でスト、初めてデモに参加	国連婦人の地位委員会設置 婦人民主クラブ結成 戦後初の総選挙で女性初投票

一九四七	18歳		戦後初の国際婦人デー 教育基本法公布 日本国憲法施行 労働基準法公布
一九四八	19歳	新制日本女子大学家政学部社会福祉学科2年に移行	国連総会で世界人権宣言採択 現行戸籍法・民法施行 学制改革
一九四九	20歳	東大婦人問題研究会に参加。民科婦人問題研究会（のち部会）会員になり、女性労働グループに所属	第1回婦人週間 下山事件・三鷹事件・松川事件
一九五〇（昭和二五）	21歳	嶋津千利世先生の研究会に参加	集会・デモ禁止 朝鮮戦争勃発（53年休戦） 総評結成大会 日本共産党中央委員の公職追放
一九五一	22歳	日本女子大学卒業 労働省婦人少年局に6カ月雇用 帝人三原工場舎監（20日で解雇）	日本、ユネスコＩＬＯ加盟 対日平和・安保条約調印（翌52年発効）
一九五二	23歳	東洋紡績浜松工場寄宿係に採用され勤務20日後に経歴詐称で解雇 松屋労組に書記として就職	血のメーデー事件 破壊活動防止法施行

一九五三	24歳		「働く母の会」発足 全日本婦人団体連合会結成 第1回日本婦人大会　世界婦人大会に日本代表10名参加
一九五四	25歳	書記採用期限で解雇　裁判提訴、敗訴	自衛隊発足
一九五五（昭和三〇）	26歳	橋本進と結婚	第1回日本母親大会 世界母親大会（ローザンヌ） 第1回原水爆禁止世界大会 石垣綾子「主婦という第二職業論」第一次主婦論争
一九五六	27歳	世界経済研究所事務員、58年失職 祖師谷住宅に移る	第1回はたらく婦人の中央集会 家族制度復活反対総決起大会 売春防止法成立 国連総会、日本の加盟を可決
一九五七	28歳	「ふじんのつどい」発足 長女・明世出産	
一九五八	29歳	団地に児童館設置　長女は翌年1歳で入園	警職法改悪反対の婦人連絡機関、人権を守る婦人協議会発足（34団体）
一九五九	30歳		最低賃金法公布

一九六〇（昭和三五）	31歳	安保反対集会開き、デモに子どもを連れて参加	安保条約批准国会審議開催（安保闘争） 磯野富士子「婦人解放論の混迷」第二次主婦論争
一九六一	32歳	次女・郁世誕生 白梅学園短期大学非常勤講師 労働運動史研究会で「合理化と母性保護運動」を報告	所得税法改正（配偶者控除制度新設） 厚生省へ小児マヒの生ワクチン要求運動 国民皆保険制度改革
一九六二	33歳	保育所づくり運動で新設された公立保育所に郁世1歳で入園	日本婦人会議結成 新日本婦人の会結成
一九六四	35歳	長女小学校入学、学童保育所新設運動により、開所	東京オリンピック開催
一九六五（昭和四〇）	36歳	女子労働問題研究会、『合理化と婦人労働者』（共編著）を刊行	アメリカ、北ベトナムへ連続爆撃開始 「日韓条約」調印強行　批准阻止国会請願デモ10万人
一九六六	37歳		東京地裁、結婚を理由とする女子の解雇違憲判決
一九六七	38歳	母死去、60歳 次女小学校入学	国連総会、婦人に対する差別撤廃宣言採択 東京都革新知事誕生

一九六九	40歳	『働く婦人と保育所』（共著）刊行 第6回世界婦人大会（ヘルシンキ）に婦団連代表で参加	
一九七〇（昭和四五）	41歳	一九七〇年代～　選挙応援活動 女子労働問題研究会、『婦人と労働』を刊行	婦人民主クラブ再建連絡会発足（06年、婦人民主クラブの名称復活） 「ベトナム母と子保健センター設立運動連絡会」発足、77年1億円募金達成
一九七二	43歳	『新しい保育と保育所づくり』（共著）刊行	沖縄返還
一九七三	44歳	女子労働問題研究会、『働く婦人と母性保護』を刊行	
一九七五（昭和五〇）	46歳	婦人労働問題研究会『現代の婦人労働問題』を刊行 国際婦人年記念ツアーに参加、ヨーロッパへ	国際婦人年　国際婦人年世界会議（メキシコシティ）世界行動計画・メキシコ宣言採択 衆参両院本会議で「国際婦人年にあたり婦人の社会的地位向上をはかる決議」採択 総理府に婦人問題担当室発足 ベトナム戦争終結 国際婦人年連絡会結成

一九七六	47歳	婦人労働問題研究会、『私たちの婦人労働読本』を刊行 婦団連のツアーでヨーロッパへ	国連婦人の10年（～85年） 特定業種育児休業法施行（女子教育職員、看護婦、保母） 民法改正（婚氏続称制度新設）
一九七七	48歳		国内行動計画策定 国立婦人教育会館開館
一九七八	49歳	婦人労働問題研究会、『講座　現代の婦人労働1～4』を刊行	
一九七九	50歳	祖師谷から千駄ヶ谷に引っ越し、私立鳩の森保育園園長代理（のち園長）になる（3年後退職）	国連、女子差別撤廃条約採択
一九八〇（昭和五五）	51歳		国連婦人の10年（中間年）世界会議（コペンハーゲン） 民法改正（配偶者の相続分改正）（81年施行）
一九八一	52歳		ILO第一五六号条約（家族的責任条約）採択 女子差別撤廃条約発効

一九八四	55歳		国籍法・戸籍法改正（父母両系主義）（85年施行） パートタイム労働対策要綱制定　働く主婦が50％を超える
一九八五（昭和六〇）	56歳	熊本短期大学（94年熊本学園大学に）専任教員として就職（単身赴任） ナイロビ世界会議ＮＧＯフォーラム85参加、研究会としてワークショップ開催	男女雇用機会均等法公布（86年施行） 労働者派遣法制定（86年施行） 女子差別撤廃条約批准（86年発効） 国連婦人の10年最終年世界会議（ナイロビ）・ナイロビ将来戦略採択 国連婦人の10年日本大会（婦人年連絡会主催）
一九八六	57歳		国民年金法改正（女性の年金権第3号被保険者制度確立）施行
一九八七	58歳		所得税法改正（配偶者特別控除制度新設）
一九八八	59歳	夫婦で初の個人旅行（中国へ）	労働基準法改正（週40時間制）
一九八九（昭和六四・平成一）	60歳		新学習指導要領告示（高校家庭科男女必修） 消費税実施、3％ 国連「子どもの権利条約」採択 全労連結成 連合結成

一九九二	63歳	九月から1年間日本女子大学に国内留学（一番ヶ瀬康子教授指導） 初めての単著『女性労働と保育』刊行 女性労働問題研究会でスウェーデン男女平等と福祉研究の旅を企画・実施	育児休業法施行
一九九三（平成五）	64歳		国連世界人権会議（ウィーン）・ウィーン宣言採択 パートタイム労働法施行
一九九四	65歳		小選挙区制導入
一九九五	66歳	北京会議NGOフォーラムに参加	第4回世界女性会議（北京）・NGOフォーラム開催、北京宣言・行動綱領採択 育児・介護休業法成立（98年施行） ILO一五六号条約（家族的責任条約）批准
一九九六	67歳	『女性福祉を学ぶ』刊行	優生保護法を改正、母体保護法として公布・施行 労働者派遣法適用対象拡大（99年自由化）
一九九七	68歳	ウィーン大学研究員として長期出張	労働基準法の女子保護規定撤廃 男女雇用機会均等法改正（女子差別禁止、セクハラ防止義務）（99年施行）

一九九九	70歳		男女共同参画社会基本法公布・施行 介護保険制度施行
二〇〇〇	71歳	熊本学園大学定年退職	国連特別総会「女性二〇〇〇年会議」開催（ニューヨーク） 労働者派遣法、期間制限緩和
二〇〇一	72歳		配偶者暴力防止法公布・施行
二〇〇二	73歳	国連主催「第2回世界高齢者会議」（スペイン）に参加、日本フォーラムで報告	
二〇〇三（平成一五）	74歳	グループホーム開設に参加、05年さくら福祉会設立理事・二〇一四年まで	母子及び寡婦福祉法改正（母子家庭等の自立促進） 次世代育成支援対策推進法施行 女性の正規雇用者半数以下となる
二〇〇四	75歳	『老いてはつらつ』刊行	九条の会発足 少子化社会対策基本法施行 配偶者暴力防止法改正
二〇〇五	76歳	国際婦人年連絡会　家族・福祉委員会に参加	第9回国連婦人の地位委員会（「北京＋10」） 育児・介護休業法改正 教育基本法（改悪）成立
二〇〇六	77歳	『戦後保育所づくり運動史』刊行	

二〇〇七	78歳	夫の傘寿の祝い・パリへ	
二〇一一	82歳		東日本大震災、原発事故
二〇一三	84歳	自宅で「みんなのカフェ」始める（毎月）	
二〇一四	85歳		秘密保護法制定・施行
二〇一五	86歳		子ども・子育て支援新制度実施 戦争法成立 労働者派遣法、三年に限定 ジェンダーギャップ指数一四五カ国中一〇四位

橋本　宏子（はしもと　ひろこ）

1929年　東京で生まれる
1951年　日本女子大学社会福祉学科卒業
白梅学園短期大学非常勤講師を経て
1985年～2000年まで熊本学園大学専任教員

女性労働問題・女性福祉・児童福祉

著　書　『女性労働と保育』（ドメス出版　1992年）
『女性福祉を学ぶ』（ミネルヴァ書房　1996年）
『老いてはつらつ』（新日本出版社　2004年）
『戦後保育所づくり運動史』（ひとなる書房 2006年）
編・共著　『働く婦人と保育所』（労働旬報社　1969年）他

切り拓く　ブラックリストに載せられても

2016年 4月10日　第1刷発行
定価：本体2000円＋税

著　者　橋本　宏子
発行者　佐久間光恵
発行所　株式会社 ドメス出版
東京都文京区白山 3-2-4　〒112-0001
振替　00180-2-48766
電話　03-3811-5615
FAX　03-3811-5635

印刷・製本　株式会社 太平印刷社

ISBN978-4-8107-0823-3 C0095

橋本　宏子　女性労働と保育　母と子の同時保障のために　三五〇〇円

宮本　英子　平和と平等を追い求めて　ひとりの女性教師のあゆみ　二五〇〇円

塩沢美代子　語りつぎたいこと　年少女子労働の現場から　二二〇〇円

塩沢美代子　続 語りつぎたいこと　日本・アジアの片隅から　二五〇〇円

立中　修子　この扉は開けてみせる　子持ちの女は半人前なんて　二〇〇〇円

女性労働問題研究会編　定年退職と女性　時代を切りひらいた10人の証言　二〇〇〇円

東武労組女性労働運動史研究会編　発車オーライ　東武労組婦人部のあゆみ　二〇〇〇円

働く母の会編　働いて輝いて　次世代へつなぐ働く母たちの50年　二四〇〇円

伊藤　セツ　女性研究者のエンパワーメント　二〇〇〇円

藤原　房子　大きな歯車のはざまで　教育が残し得たもの　二四〇〇円

鈴木　尚子編　現代日本女性問題年表　1975―2008　一五〇〇円

折井美耶子　近現代の女性史を考える　戦争・家族・売買春　二五〇〇円